In Memory of My Piano Teacher

DWIGHT R. MALSBARY

(1899 - 1977)

나의 피아노 선생님,

마두원 선교사님을 기억하며

_____ 님께 드립니다.

빨간 피아노

내가 여기 있나이다 나를 보내소서

| 김애자 지음 |

쿰란출판사

추천사

김애자 박사의 《빨간 피아노》는 너무도 감동적인 책이다. 피아니스트가 하나님을 만나고 하나님의 부르심에 "내가 여기 있사오니…"로 헌신한 후, 하나님께서 그를 어떻게 사용하셔서 러시아에서부터 시작한 피아노 사역이 전 세계에, 심지어 북한에까지 영혼을 살리고 복음이 전파되었는지, 그때마다 일기 형식으로 적어놓았던 글을 중심으로 이야기가 펼쳐진다.

음악인은 대부분 자신과 음악을 위해 일생을 바치는데 김애자 박사는 하나님께서 주신 그의 탁월한 은사를 전적으로 하나님을 위해 바쳤고 성령께서 그 헌신에 역사하셨다. 손끝의 찬양을 통해 나타난 영적 부흥의 이야기는 읽기 쉽다. 또 이 이야기들은 김애자를 높이는 것이 아니고 하나님을 높인다. 물론 개인의 많은 희생이 있었고 갈등도 있었다. 나는 감격하며 읽었다.

1866년 평양에 성경을 전해주고 순교한 토마스 선교사의 고향인 '노래의 고향'이라 불리는 웨일스에 정착해 클래식 형태로 편곡된 찬송가들을 피아노로 전 세계에 복음을 전한 것은 피아노의 능력만이 아니고 피아니스트의 강한 헌신과 깊은 영성을 느끼게 한다. 나는 김애자 음악 선교사의 찬양을 오랜 세월 들어왔다.

특히 1924년 한국에 선교사로 오셨던 최초의 미국 음악 선교사요 한국의 초기 모든 유명한 음악가들을 길러낸 피아니스트 드와이트 말스베리(마두원, 샤모 폴린) 목사를, 나는 찬송가를 대단한 클래식 음악으로 편곡해서 전하기 시작한 찬송가 편곡의 아버지라 생각한다. 그분이 김애자의 아버지와 김애자 자신을 가르친 은사라는 점이 나에게는 더욱 감동적이었다.

나는 6.25 피난 시절 부산에서부터 학생 시절부터 다두원 선교사를 가까이서 알았고 그분의 찬송가 편곡 찬양과 설교를 좋아했다. 1959년 내가 대학교 3학년 때 미국에서 열흘 동안 한국 순회 강연을 오셨던 미국 목사님들의 통역으로 말스베리 선교사와 함께 전국을 동행한 적이 있었다. 그 후 마두원 선교사는 강원도 지역에서 제이드 병원을 운영했고, 교회가 없는 곳에 많은 교회를 세우셨다. 나를 불러 그분의 통역으로 함께 여행한 적이 있고 내가 미국에 유학을 갔을 때 그분이 나의 추천서를 썼다는 것을 후에야 알게 되었다. 그분의 피아노 연주에는 깊은 영성이 있었다.

김애자 피아니스트가 그분의 제자라는 것을 알았을 때 그분이 사인해서 나에게 주었던 마두원 목사의 찬송가 편곡집 두 권을 복사해서 김애자에게 드렸고, 그러면서 말스베리의 찬송곡들을 CD르 내서 그분의 유업을 한국교회에 남길 것을 권한 적이 있었다. 오랜 시간이

걸렸지만 그 CD를 출시했고 이제 나는 언제나 김애자의 말스베리 찬양을 들을 수 있게 되었다.

김애자는 말스베리 선교사의 뒤를 이어 더 널리 더 멀리 음악 선교사의 삶을 살아왔다. 김애자는 한국교회에 보내주신 하나님의 귀한 보배이다. 《빨간 피아노》를 자세히 읽으며 그동안 몰랐던 이야기들 때문에 더 깊은 감동을 받으며 하나님께 영광을 올려드렸다.

하나님은 우리에게 주신 은사를 하나님께 돌려드리면 그 은사를 잘 갈고 닦아 더 빛나게 만들어 돌려주시는 것을 김애자의 《빨간 피아노》가 확실하게 보여주고 있어 이 저서를 기쁘게 권한다. 김애자의 세계적 사역 뒤에는 아내를 위해 일생을 헌신한 남편 조성문 선교사님이 계셨다. 그분이 나에게 큰 감동을 주었음도 언급하고 싶다.

김상복 목사
(할렐루야교회 원로목사
횃불트리니티신대원대학교 명예
총장 (전) 세계복음주의연맹(WEA) 회장)

추천사

　젊은 날 군대에 입대했을 때 강원도 관대리 3군단 산하 KMAG에서 통역병으로 근무한 적이 있었습니다. 그때 한동안 미군 채플에서 주일마다 예배를 드렸습니다. 사회도 하고 설교도 하고 찬양 시간이면 피아노 앞에 앉아 반주도 하고 때로는 피아노 특별 연주도 하시는 하얀 머리의 선교사님을 만났습니다. 조금 후에 알았지만 그분이 한국에 최초의 음악 선교사로 오신 말스베리(마두원) 선교사님이셨습니다. 그 후 홍천에 있는 그분 집에 초대받아 오랜 시간 한국 선교의 초기 이야기를 듣는 기회도 있었습니다.

　김애자 음악 선교사님은 바로 마두원 선교사님의 애제자로 음악적 재능에 선교의 영성을 담아 전 세계를 누비며 복음을 전한 자랑스런 음악 전도자십니다. 한국과 미국에 살면서 과거 동토의 땅 러시아와 중앙아시아에 피아노로 찬양의 향기를 전하셨는가 하면, 최근에는 처음 한국에 복음을 전한 토마스 선교사의 고향 웨일스에 가서 장기 체류를 하며 피아노 선교로 복음의 빚을 갚고자 하셨습니다. 한국 어느 목회자나 선교사도 할 수 없었던 놀라운 헌신이었습니다.

그녀의 고백처럼 하나님의 사랑의 손에 붙들리지 않고는 할 수 없는 헌신이었습니다.

저는 김애자 선교사님의 헌신은 음악인도 하나님의 손에 붙들리면 하나님의 나라에 이만큼 쓰임 받을 수 있다는 거룩한 귀감이 되리라 믿습니다. 저는 지금도 종종 아침 잠을 깨워 김애자 선교사님의 연주 찬양으로 하루를 열곤 합니다. 이제 책으로 접하는 김애자 음악 선교사님의 선교 일생은, 한국 땅의 수많은 음악 재능을 가진 그리스도인들에게 피아노 음악으로 하늘을 열어 하나님께 영광을 올려드리고 그리스도의 복음을 피아노로 땅끝까지 전하는 큰 도전적 울림으로 남을 것입니다.

수고하셨습니다. 그리고 감사합니다.

이동원 목사
(지구촌목회리더십센터 대표)

추천사

　김애자 피아노 찬양 선교사님은 현재 영국과 웨일스의 영적인 부흥을 위해 피아노 선율을 통해 하나님의 사랑과 예수님의 십자가 복음 그리고 성령님의 역사를 전하고 계십니다. 선율(旋律)은 멜로디라고도 하는데 '언어'의 영향을 받는다고 하듯이, 선교사님은 피아노 선율을 통해 하늘의 언어를 들려주는 통로로 사용받고 계십니다.

　김 선교사님은 연주하실 때마다 온 마음과 몸짓이 연합하여 오직 하나님께만 집중하고 그의 사랑과 치유의 손길로 성도들을 안내하는 신실한 가교 역할을 하고 계신 모습이 귀합니다. 영국과 웨일스뿐 아니라 전 세계 상처받은 영혼들을 품고 피아노 멜로디를 통해 전해지는 하나님의 손길로 가는 곳곳마다 하나님을 사랑하는 기쁨과 예배의 기쁨을 나누어주고 계십니다.

　김애자 선교사님은 러시아가 개방된 후 1993년 은혜한인교회가 헌신하여 개최한 모스크바 대형 집회에서 피아노 연주를 하면서 하나님의 부르심과 소명을 받고 피아노 찬양 사역자로 헌신하게 되었습니다. 클래식 연주가로 자부심을 가지고 살아왔던 한

여인이 피아노 선율을 통해 들려주는, 곡이 있는 복음이 많은 사람들을 치유하고 영혼의 안식을 얻는 모습을 보고 '찬송에는 하나님의 능력이 있다'는 것을 깨달았습니다. 그리고 그 일이 일생을 바쳐 할 만한 일이며, 땅끝까지 증인이 되고 싶은 감동에 GMI 찬양 선교사로 헌신하게 되었습니다

소명을 받은 이후 김 선교사님이 걸어왔던 길이 쉽지만은 않은 시간이었음을 생각해봅니다. 그러나 하나님의 언약궤가 다윗 성으로 들어올 때에 왕의 신분도 잊은 채 마치 어린아이같이 너무 좋아서 기뻐 춤을 추었던 다윗의 순수한 열정과 감격으로 김 선교사님은 모든 고난과 어려움을 뚫고 하나님이 기뻐 사용하시는 하나님 나라 찬양 사역자의 길을 묵묵히 걸어가고 계십니다.

이번에 간증과 메시지가 있는 책을 새롭게 출간하게 된 것을 매우 기쁘게 생각합니다. 모쪼록 아름다운 피아노 선율을 통해 전해진 하나님의 사랑과 손길이 책을 읽는 모든 독자들에게도 전달되어 회복과 소망이 넘치게 되기를 축원합니다.

한기홍 목사
(미국 은혜한인교회 담임목사, GMI 총재)

추천사

피아니스트이자 선교사인 김애자 선교사님은 하나님께서 주신 음악의 은사를 다시 하나님을 높여드리는 데 열심히 사용하고 있는 좋은 동역자다. 찬양 연주자로서의 길을 걸어오며 한 자 한 자 써내려간 선교사님의 기록이자 고백인 이 책을 읽다보면 글자에 담긴 하나님을 향한 사랑과 음악을 향한 열정으로 덩달아 가슴이 벅차오른다.

특히 먼저 한국에 찾아온 최초의 음악 선교사 마두원(말스베리)이 뿌린 씨앗이 현재의 선교사님을 있게 했고, 그 선교의 열매인 선교사님이 다시 음악으로 복음의 씨앗을 뿌리고 있음은 큰 울림을 준다.

우주 단물을 손수 빚으신 최고의 예술가 하나님은 우리에게도 예술을 허락해주셨다. 하나님이 허락해주신 아름다움을 표현해 낼 수 있는 능력으로 우리의 창조주이시며 구원자 되시는 그분을 연주하는 선교사님의 기쁨이 활자를 넘어 독자의 마음에까지 전달되기를 바란다.

김병삼 목사
(만나교회)

추천사

　김애자 선교사님의 저서 《빨간 피아노》는 단순한 책을 넘어, 하나님께서 주신 은혜의 여정을 음악을 통해 나눈 깊은 고백의 산물입니다. 이 책을 통해 우리는 음악이라는 도구로 복음을 전하는 사명을 받은 저자의 뜨거운 열정과 순종의 발걸음을 하나하나 생생히 느낄 수 있습니다.

　특히, 그녀가 걸어온 길은 그저 음악을 넘어서서 하나님을 예배하고 그 사랑을 전하는 예술적 헌신의 발자취로 가득 차 있습니다. 러시아에서 웨일스에 이르기까지, 김애자 선교사님은 음악을 통해 선교를 감당하며 수많은 사람들에게 하나님의 사랑과 은혜를 전하셨습니다. 책 속에 담긴 빨간 피아노의 상징성은 그 자체로 희생과 헌신의 흔적이며, 하나님의 선물로 그녀의 삶에 새겨진 찬송과 기도입니다.

　김 선교사님의 글은 단순한 기록이 아닙니다. 오랜 세월 동안 쌓아 온 사명과 헌신의 기록입니다. 이 책을 통해 그녀의 삶의 발자취를 따라가다 보면, 하나님의 은혜가 얼마나 깊고 풍성한지 깨닫게 되며, 독자들 역시 하나님의 은혜의 손길을 경험하게 됩니다.

이 책을 추천드리는 이유는 단순히 김애자 선교사님의 음악적 재능이 뛰어나기 때문이 아닙니다. 그 안에는 하나님의 사랑을 노래하는 삶의 깊은 울림이 담겨 있기 때문입니다. 그가 전하는 이야기들은 우리에게 하나님 나라를 꿈꾸게 하고, 각자에게 주신 선물과 사명을 돌아보게 하며, 그로 인해 더욱 깊이 하나님을 찬양하고 예배하도록 격려합니다. 《빨간 피아노》는 단지 예술적 감동을 주는 책을 넘어, 우리 모두에게 하나님께서 주신 사명을 돌아보게 하는 깊은 영적 도전의 책입니다.

김애자 선교사님의 이 귀한 책이 많은 이들에게 위로와 격려가 되길 기도하며, 진심으로 이 책을 추천드립니다.

임석순 목사
(한국중앙교회 담임목사, 백석대학교대학원 부총장,
백석대학교신학대학원 원장, 한국복음주의협의회)

추천사

　김애자 선교사님의 책을 추천하게 되어 기쁩니다. 저자의 이야기는 하나님의 이야기입니다. 이 책은 하나님이 어떻게 저자의 생애에 개입하셔서 아름다운 일을 이루셨는지를 보여주는 이야기입니다. 하나님은 드라마를 좋아하십니다. 저자의 인생 드라마는 신비로운 만남과 놀라움, 경이로움과 충격, 그리고 감격의 연속입니다. 고난과 위기와 역경이 차고 넘치는 은혜의 연속입니다.

　저자의 책을 읽으면서 하나님은 만남을 통해 일하시는 것을 배웁니다. 저자는 서양인 최초의 한국 음악 선교사였던 마두원 선생님(Dwight R. Malsbary)에게 피아노를 배웠습니다. 마두원 선교사님에게 지도를 받은 저자는 스승의 발자취를 따라 음악 선교사의 길을 걸어 왔습니다.

　저자의 피아노 연주는 탁월합니다. 영감이 넘칩니다. 열정적입니다. 감동을 줍니다. 울림을 줍니다. 신비의 세계 속으로 인도합니다. 저자의 연주는 진지합니다. 유쾌합니다. 어둠 속에 빛을 비추고, 고통 중에 기쁨을 선물해줍니다.

　저자의 이야기 속에 한국 선교와 세계 선교의 역사가 담겨 있습니다. 웨일스에서 복음을 들고 조선을 찾아왔던 토마스 선교사의 스토리가 담겨 있습니다. 또한 조지 뮬러와 중보기도 사역자 리즈 하월즈의 이야기가 담겨 있습니다. 웨일스 대부흥의 주인공 에반 로버츠의 이야기가 담겨 있습니다. 저는 이 책을 읽으면서 저자와 함께 수많은 나라를 여행했습니다. 러시아, 웨일스, 독일, 스웨덴, 핀란드, 중국, 몽골, 일본, 북한, 미국과 한국입니다.

저자를 통해 찬송의 아름다움과 그 능력을 배웁니다. 하나님이 음악을 통해 수많은 영혼들을 치료하고 구원하시는 것을 배웁니다. 저자의 삶은 비움의 삶입니다. 내려놓음의 삶입니다. 순종의 삶입니다. 순례자의 삶입니다. 오직 하나님을 의지하고 일평생을 헌신하신 저자의 삶 속에서 역사하신 하나님의 손길을 봅니다.

저는 이 책을 하나님이 음악을 통해 얼마나 놀라운 일을 이루시는가를 알기 원하는 분들에게 추천하고 싶습니다. 경이로운 만남을 통해 위대한 일을 이루시는 하나님을 알기 원하는 분들에게 추천하고 싶습니다. 기도의 능력과 순종의 능력 그리고 고난의 능력을 배우기 원하는 분들에게 추천하고 싶습니다. 피아노를 연주하는 저자가 이제 글 쓰는 연주자가 된 모습을 보기 원하는 분들에게 추천하고 싶습니다.

강준민 목사
(L.A. 새생명비전교회 담임목사)

추천사

Kim Aija is God's 복음찬송 ambassador to the nations. When God sends her to a nation, He gives her a supernatural anointing that restores the often forgotten vision that God has given that nation.

Among the many nations where she has ministered, I have experienced God's anointing on her most greatly in Wales and Korea, both North and South.

When she played our beloved "father of Korean hymnology" Rev. Park Chai-Hoon's hymn "Oh Return unto the Lord," the doors of both North and South Korea began to open for a new revival throughout the land.

Her special music ministry in Wales has opened the door for God to renew the people's forgotten legacy of revival for the nations. No one will forget the reaction of the people there when they heard her play their "forgotten love song," "Here is love, vast as the ocean!" God's Spirit of revival began to heal their tired hearts and pour into them great love and anticipation of revival for the nations. The people there began to once again believe that "their offspring will possess the nations."

This book will open your eyes to see how God can use one person to change the world.

오대원 목사
(David Ross, 한국 예수전도단 설립자)

추천사

　피아니스트 김애자 교수의 첫인상은 곱고 단아한 가을 국화 같습니다. 일찍이 어려서부터 음악에 천재적인 두각을 나타내고 평생 음악인으로 사시며 클래식 음악을 선교의 도구로 하나님께 드립니다.
　한국교회 초창기 선교와 교회음악의 역사에 남다른 족적을 남기신 선교사 마두원 박사의 애제자로서 그리고 영창피아노 가문의 자녀로서 김애자 교수의 삶과 믿음의 이야기는 역사에 남을 것입니다.
　올봄 영국 웨일스 선교 현장에서 목격한, 선교 연주회에서 제자들과 어울려 주는 배려와 겸양한 모습은 커다란 감동이었습니다. 세계적인 연주자의 권위나 스승으로서의 위상을 내려놓고 예수 그리스도의 제단 앞에 함께 엎드리는 모습이었습니다. 제가 설교를 맡은 예배에서 몇 차례 연주하는 모습을 목격했는데 그때마다 하나님의 영광만을 드러내기 위해 집중하는 자세였습니다.
　하나님께 영광, 영혼 사랑, 겸양한 자세를 잃지 않으려는 세계적인 음악인의 매무새로 오늘도 여전히 지구촌 어디서든 연주자로 서십니다. 남편 되시는 동반자 조성문 선교사님의 아름다운 외조를 함께 기억합니다.

김애자 교수의 책을 만나는 모든 독자들에게 하나님의 은혜가 넘치시길 바랍니다.

이승종 목사
(세계한인기독교선교협의회(KWMC) 대표의장)

추천사

Benagalbón은 스페인의 안달루시아(Andalucia) 남부 지방 말라가(Málaga)시의 근교 산 위에 있는 아름다운 마을입니다. 개신교인이 한 명도 없는 그 마을 중앙에 가톨릭 성당이 서 있습니다. 7년 전에 영국 웨일스에서 음악 선교를 하시던 김애자 선교사님을 초청해 성당을 빌려 연주회를 열었습니다. 물론 피아노가 없었습니다.

그러나 작은 키보드이지만, 때로는 강렬하고 때로는 한없이 부드러운 건반 소리와 연주에 몰입한 선교사님의 카리스마는 광풍 노도와 같이, 동시에 잔잔히 흐르는 시냇물같이 청중을 사로잡았습니다. 감동의 물결이 일었습니다.

연주가 끝나자 성당을 가득 메운 마을 사람 모두가 일어나 박수와 환호를 보냈습니다. 마을이 세워진 이래 처음 있었던 클래식 연주회였다고 모두 입을 모았습니다. 그러나 그것은 연주회 이상이었습니다. 찬송가의 운율이 클래식 음악보다 더 깊이 청중의 영혼을 터치해준 성령의 역사였습니다.

피아노 연주는 순회 연주가 어렵습니다. 많은 준비가 필요하기 때문입니다. 무엇보다 좋은 피아노가 있어야 합니다. 그러나 김애자 선교사님은 누구보다 뛰어난 연주자이면서도 키보드로 연주하기를 마다하지 않으셨습니다. 복음을 전하려는 뜨거운 심장이 선교사님 안에 뛰고 있었기 때문입니다.

김애자 선교사님은 클래식보다 찬송가를 연주하기를 좋아하십니다. 한국 최초의 음악 선교사로 한국교회에 찬송가를 보급한 마두원 선교사에게 사사를 받으셨고, 그가 편곡한 찬송가 연주곡에 담긴 영성을 사랑하기 때문입니다. 마두원 선교사는 찬송가의 고장 웨일스에 가보신 적이 없습니다.

그러나 김애자 음악 선교사의 연주를 통해 웨일스 교회는 기억에 사라지던 찬송가를 다시 부르며 100년 전 부흥을 사모하고 있습니다. 웨일스뿐만이 아닙니다. 김애자 선교사님이 가시는 곳마다 마두원 선교사의 찬송가 사랑이 교회의 영적 회복으로 열매 맺고 있습니다.

이번에 출간되는 김애자 선교사님의 책을 읽으면 마치 선교사님의 피아노 연주를 듣는 것처럼 느껴집니다. 인생의 마지막 시간까지 자신에게 주신 달란트를 하나님의 영광을 위해 남김없이 드리고 싶어 날마다 주님과 함께 걸어가는 선교사님의 영성이 이 책에 그대로 담겨 있기 때문입니다.

선교사님의 마지막 여정은 TMM(The Music Messengers) 사역을

통해 젊은 음악 선교사를 길러내는 것입니다. 청년 음악인들이 이 책을 읽는다면, 마두원 선교사님과 김애자 선교사님처럼 하나님 나라의 부르심에 반응하며 하나님의 영광을 사모하게 될 것입니다.

박신욱 선교사
(GBS글로벌복음방송 국제대표)

추천사

    김애자 선교사님의 책을 추천하는 것은 저에게 큰 기쁨이자 영광입니다. 오랜 기간 동안 캄보디아에서 김 선교사님의 음악을 들으며 아침에 QT 시간을 가졌던 저로서는 김애자 선교사님의 삶과 사역에 깊은 감동과 도전을 받았습니다.

    이 책은 선교사님의 70여 년 삶을 돌아보며 주님과 동행하신 기록을 통해, 그분의 놀라운 은혜와 사랑을 다시금 깨닫게 해줍니다. "기록은 기억을 지배한다"라는 말을 실천하며, 선교사님께서는 오랜 세월 동안 하나님의 손길과 인도하심을 따라 자신에게 주어진 사명에 묵묵히 순종하셨습니다. 이 책은 단순한 회고록이 아니라 하나님의 사랑과 은혜에 대한 깊은 고백이며, 수많은 열매를 맺은 사역의 결실을 담고 있습니다.

    특히, 김애자 선교사님은 '찬송가를 연주하는 삶'을 통해 받은 은혜를 세상에 나누어주셨고, 그 사명은 전 세계에 걸쳐 이루어졌습니다. 마두원 선생님으로부터 받은 음악 선교사의 비전과 열정은 그녀를 통해 계승되었고, 그 사역의 열매는 오늘날에도 계속되고 있습니다. 이 책을 통해 많은 주 안에서의 제자들이 각

자에게 주어진 사명을 깨닫고, 그것이 설령 어렵고 힘들지라도 용기와 믿음으로 순종할 수 있기를 바랍니다.

　김애자 선교사님의 헌신과 순종의 삶은 우리 모두에게 귀감이 되며, 주님의 부르심에 충실한 자가 어떠한 열매를 맺을 수 있는지를 보여주는 살아 있는 증거입니다. 김 선교사님께 깊은 감사와 존경을 표하며, 이 책을 통해 더 많은 이들이 그분의 발자취를 따라갈 수 있기를 기도합니다.

오석환 선교사
(캄보디아)

추천사

저는 마두원 선교사의 목회자로서 제자이고, 김애자 선교사는 음악 선교사로서 제자입니다.

저도 일찍 마두원 선교사의 직접 전도로 예수님을 믿게 되었고 그분의 도움으로 목사까지 되었고, 김애자 선교사도 어렸을 때 마두원 선교사를 만나 피아노를 배워서 음악 선교사까지 되었는데 서로 알지 못하고 지내다가 늦게 만나서 기도로 도우며 지내왔는데 그 바쁜 가운데서도 책을 낸다니 기쁘고 존경의 마음을 전합니다.

하나님은 우리를 지으신 목적이 찬송을 받으시기 위해서이고(사 43:21), 황소를 드림보다 찬송을 더 기뻐하신다(시 69:30, 31)고 하셨고, 소고와 수금으로 그를 찬양할지어다(시 149:3)라고 하셨고, 호흡이 있는 자마다 여호와를 찬송할지어다(시 150:6)라고 하셨습니다.

김애자 선교사님이 음악으로 세계 여러 나라를 다니며, 그리고 국내 여러 곳을 다니며 연주하고 간증한 책《빨간 피아노》를 읽는 독자마다 큰 감동이 되고 하나님께 영광이 될 것을 믿으며 추천합니다.

김광섭 목사
(홍천희망교회 원로목사)

프롤로그

"우리는 하나님의 사랑의 손에 붙들려 세상에 살지만 세상에 속하지 않은 사람입니다."

내가 이 책에서 나누고 싶은 말을 요약한 한 문장이다.

70여 년 세월을 살아내면서 얼마나 많이 넘어졌던가? 그때마다 나는 말없이 강한 손으로 붙들어 일으켜주시는 하나님의 사랑을 받았다. 말로 다 표현하지 못할 사랑이다. 비단 나만의 고백은 아닐 것이다. 진정으로 하나님을 만난 크리스천이라면 모두가 받고 있을 사랑이다. 우리는 그 사랑을 '은혜'라고 말한다.

하나님의 손길, 그 은혜가 볼품없는 진흙 같은 나를 빚어주셨고, 지금도 다듬어주신다. "하나님 보시기에 좋았더라." 창세기의 말씀이 나의 삶에 이루어지도록 보기 좋게 빚어주고 계신다. 하나님의 형상으로 빚어가신다.

그 은혜를 무엇으로 표현할까? 만입이 있어도 다 표현 못해서 나는 입을 다물고 피아노 앞에 앉아 찬송가를 올려드린다. 피아노를 칠 수 있는 것마저 하나님이 주신 '은혜'이고 '선물'이다. 선물을 주신 분에게 보여드리고 싶다.

"주신 선물을 잘 사용하고 있습니다. 하나님!"

사람들은 저마다 하나님께서 주신 선물을 가지고 있다. 선물을 받으면 그 선물을 자랑하는 사람들이 있다. 또 어떤 사람들은 고이 혼자만 간직하기도 한다. 내가 받은 은혜의 선물은 '찬송가를 연주하는 삶'이기에 나는 열방에 하나님의 선물을 자랑해야 한다. 그것이 TMM의 창립 이유이고 내가 살아온 이유이다.

'나도 모르는 사이에' 마치 가랑비에 옷이 젖듯이 나는 나의 스승이신 마두원 선생님과 같은 음악 선교사의 길을 걷고 있다. 나의 70년을 돌아보니 어느새 말씀을 사랑하고 이웃을 섬기는 제2, 제3의 마두원과 같은 제자들을 양성하는 사명자가 되었다. 처음부터 계획한 것이 아니다. 하나님의 은혜의 손으로 '웨일스 선교사 AIJA KIM'으로 빚어오셨다. 아름다운 숙명이다.

20여 년 이상 기록한 나의 일기를 보면서, '기록은 기억을 지배한다'는 말이 생각난다. 사진작가 함철훈 선생님께서 나에게 노트북 한 권을 주시면서 글 쓰는 피아니스트가 되라고 권유했다. 그

권유를 받아들여 기록을 남기기 시작했다. 하나님께서 주신 감동을 놓치고 싶지 않은 마음은 저널을 꾸준히 쓰도록 이끌었다.

글쓰기에 서툴렀던 내가 그 이후 20여 년 동안 세계를 다니며 가는 곳마다 감동을 저널로 쓰다 보니 여러 권의 노트북이 쌓였다. 이렇게 모인 지난 세월의 글들을 다시 보면 수십 년 전에 벌어진 상황이나 감정들이 마치 어제처럼 생생하게 느껴진다. 그래서 인생은 짧다고 하나보다.

어린 시절 나에게 피아노를 가르쳤던 선생님이 내 인생길에 이렇게 큰 영향을 미치리라고는 상상도 못 했다. 선생님은 미국인으로 1929년 평양에 온 최초의 음악 선교사이자 피아니스트인 Dwight R. Malsbary, 한국 이름으로 마두원이다. 그는 한국의 많은 원로 음악가를 길러냈다. 나의 아버지도 그의 제자이다. 아버지와 나는 두 세대에 걸쳐 말스베리 선생님과 특별한 인연을 맺게 되었다.

나는 18세에 한국을 떠나 일본을 거쳐 비엔나, 미국에서 피아니스트의 길을 걸어왔다. 예수를 만나고 찬송가에 마음이 열리면서 어릴 적의 스승이신 말스베리 선생님이 기억났다. 거의 반세기 전에 선생님이 주셨던 찬송 편곡집 악보를 펼쳤고 거기에서 나는 숨겨진 보화를 발견했다. 2010년 스승 마두원의 유작인 찬송 편곡을 녹음하기 위해 준비하는 과정에서 선생님의 DNA가 오래전부터 내 가슴에 심겼다는 생각이 들었다. 어려서는 미처 몰랐던 선생님이 남기신 유업을 알게 되었고, 음악과 삶으로 보여주신 그분의 비전이 나의 비전이 되어 나도 모르게 선생님의 발자취를 따라가고 있었다.

찬양은 이 혼탁한 세대에 희망과 도전을 준다. 정의와 공의의 잣대가 무너진 세상에서 찬양은 눈을 밝혀 하나님 나라를 보게 한다. 하나님의 기쁘신 뜻을 위해 나를 하나님을 찬양하는 음악 선교사로 빚어가신 여정을 통해 이 책을 읽는 독자들이 '하나님의 예술 작품인 자신'의 삶을 비추어보길 바란다. 그리고 예술가이신 하나님께 예술 작품으로서 경배와 찬양을 올려드리길 바란다.

> 우리는 그의 예술 작품입니다.
> 우리가 그분의 아름다움과 거룩함을 바라볼 때
> 변화가 일어납니다.
> (엡 2:10 새 예루살렘 성경 번역본)

2024년 11월

 목차

추천사　김상복 목사(할렐루야교회 원로목사 햇불트리니티신대원대학교 명예총장
　　　　(전) 세계복음주의연맹(WEA) 회장) _ 4
　　　　이동원 목사(지구촌목회리더십센터 대표) _ 7
　　　　한기홍 목사(미국 은혜한인교회 담임목사, GMI 총재) _ 9
　　　　김병삼 목사(만나교회) _ 11
　　　　임석순 목사(한국중앙교회 담임목사, 백석대학교 대학원 부총장) _ 12
　　　　강준민 목사(L.A. 새생명비전교회 담임목사) _ 14
　　　　오대원 목사(David Ross, 한국 예수전도단 설립자) _ 16
　　　　이승종 목사(세계한인기독교선교협의회 KWMC 대표의장) _ 18
　　　　박신욱 선교사(GBS글로벌복음방송 국제대표) _ 20
　　　　오석환 선교사(캄보디아) _ 23
　　　　김광섭 목사(홍천희망교회 원로목사) _ 25
프롤로그 _ 26

Part 1. 보내심을 받은 음악 선교사

1. 무법지대 러시아로 _ 37
2. 나를 보내소서 _ 41
3. 선과 악의 싸움 _ 45
4. 빨간 피아노 _ 48
5. 광야를 걷다 _ 52

Part 2. 웨일스(Wales)

6. 노래의 땅 _ 60
7. 꿈의 고향 _ 66
8. 1904 'Singing Revival' _ 71
9. 수선화(Daffodil) _ 76
10. 포트 탤벗(Port Talbot) _ 79
11. 샌드파이퍼(Sandpiper) _ 83
12. 양치기 밥(Bob) _ 85
13. 겨자씨 _ 88
14. 석당 _ 90
15. Bible college of Wales(BCW) _ 93
16. 웨일스 음악 선교의 열매 TMM _ 96
   1) TMM 피아니스트 이소명
   2) TMM 피아니스트 노유진
   3) TMM 바이올리니스트 김자현

Part 3. 구별된 숙명

17. 평양에 온 서양 음악 선교사, 마두원 _ 113
18. 나의 선생 마두원 _ 117
19. 첫 피아노 선생님 _ 121
20. 방지일 목사님 _ 124
21. 홍천 _ 128
22. 마두원을 아시나요? _ 131
23. 레코딩 시작 _ 134
24. In Memory of Dwight R. Malsbary, 말스베리를 기억하며 _ 138

Part 4. 사명자의 길

25. 떠남 _ 144
26. 글 쓰는 피아니스트 _ 148
27. 빛, 소리, 말씀 3+1 _ 151
28. 피아니스트는 외롭다 _ 155
29. 선한 경쟁 _ 157
30. 노마드 _ 160
31. 농어촌 선교회 _ 162
32. 농아인 _ 164
33. 우학리 _ 166
34. 행복 _ 169
35. 감사 _ 171
36. 기도 _ 173
37. 평양 – 아버지의 고향 _ 176
38. 소록도 _ 180

Part 5. FESTIVAL of LIFE

39. 수정교회 _ 187
40. 크로스오버 _ 190
41. 북아일랜드 _ 194
42. 파리 여행 _ 197
43. 벳겔렛 – 북 웨일스 _ 201
44. 헤른후트(Herrnhut) _ 206
45. 홀로코스트(Holocaust) _ 210

46. FESTIVAL of LIFE - Poland _ 217
47. 비엔나 _ 220

Part 6. 쓰나미

48. 후쿠시마 _ 226
49. 겟세누마 _ 231
50. 연길 _ 235
51. 특경 _ 237
52. 몽고 _ 240
53. 타이완 _ 243
54. 카자흐스탄 _ 248
55. 북한을 사랑하는 사람들 _ 251

에필로그 _ 255

피아니스트 김애자 프로필 _ 260

Part 1

보내심을 받은
음악 선교사

1. 무법자 대 러시아로
2. 나를 보내소서
3. 선과 악의 싸움
4. 빨간 피아노
5. 광야를 걷다

🎵

허무한 인생의 갈림길에 서 있는 나에게 신실하신 하나님은 찬양 가운데 찾아오셨다. 사랑하는 딸에게 아버지로 오셨다.

그 순간 나의 지나온 인생이 헛되지 않았음을 알았다. 주님은 이때를 위해 나를 오랜 세월 동안 피아노 앞에서 훈련시켜 주셨다. 무감각하게 느껴졌던 찬송가 가사가 이제는 하나님의 음성으로 들렸다. 그분에게 드리는 나의 고백이 되었다.

감춰졌던 잠재력… 그 귀한 보화를 발견하면서 찬양은 샘물같이 솟아나와 나를 치유했고 많은 사람을 회복시키며 치유하고 있었다.

비록 연약하고 작은 손과 몸이지만 주님이 쓰실 때 거인 같은 그분의 능력이 나타났다.

나는 앞으로의 삶의 목표를 분명히 깨달았다.

나의 인생의 대혁명이요 대전환점을 러시아에서 맞이하면서, 주님의 증인이 되고자 하는 선교의 비전을 받게 되었다.

"주님, 내가 여기 있사오니 나를 보내소서"(사 6:8).

1.
무법지대 러시아로

텍사스에서 태어난 두 딸이 초등학교에 들어갈 즈음인 1988년에 우리 가족은 북 캘리포니아의 팔로알토로 이사를 가게 되었다. 그리고 얼마 되지 않아서 1991년에 로스앤젤레스 근교인 오렌지카운티로 이사하여 2006년까지 그곳에 자리 잡게 되었다. 그곳에서 예상치 못한 나의 인생이 송두리째 바뀌는 커다란 변화가 일어났다.

휴스턴에서 같은 교회를 섬겼던 강 집사님이 마침 LA에 사셨는데 그분의 소개로 은혜한인교회에 나가게 되었다. 사업가이신 강 집사님은 그 당시 UCLA의 대학원생들을 상대로 성경을 가르치고 전도하고 계셨다. 은혜교회는 노워크라는 곳에 오래된 학교 건물을 빌려 예배를 드리고 있었는데 처음으로 주일예배를 드리기 위해 건물에 들어서는 순간 나는 예배와 찬양의 열기에 압도되어 버렸다. 왠지 모르게 가슴이 뜨거워지고 눈물이 흐르고 있었다. 성령의 강렬한 만지심을 경험했던 것 같다.

담임목사님이신 김광신 목사님도 뵙고, 얼마 후 성가대 반주도 하게 되었다. 은혜교회는 선교하는 교회였다. 당시 1991년 구소련의 공산체제가 무너지면서 러시아를 향한 선교의 불이 붙고 있었다. 여러 목회자와 평신도 신자들이 자진하여 러시아 선교로 가는 모습을 보았다. 그들의 헌신은 나에게 큰 충격으로 다가왔다.

구역에서 어느 집사님을 만났다. 그녀는 매일 거르지 않고 운동을 열심히 하고 있었다. 나는 당연히 건강을 위해서라고 생각했는데, 그런데 그가 건강하기 위한 데에는 특별한 목적이 있었다. 하나님의 일을 하기 위해서였다. 나는 평범한 교인에게서 또다시 큰 충격을 받았다.

1993년 5월 목사님께서 성가대 지휘자, 성악가, 피아니스트인 나, 이렇게 세 명을 러시아에 세워진 개척 교회의 성가대를 지도하고 훈련시키기 위해 보냈다. 처음 러시아 땅을 밟아보는 설렘과 두려움….

모스크바는 그 규모가 웅장하고 길도 매우 넓었다. 그러나 공산체제가 무너진 직후라 시내가 온통 무법지대였고 몹시 위험했다. 지나가는 빈 버스도 세우면 택시같이 탈 수 있을 정도였다. 하루는 대낮 모스크바 한복판에서 10여 명의 집시가 우리에게 삽시간에 우르르 몰려오더니 주머니와 가방을 마구 뒤지고 지갑을 빼앗아가는 봉변도 당했다. 당시에는 몰려다니는 집시 떼에 난도질을 당한 여행객들이 많았다. 그 후로 우리는 집시 떼가 보이면 도망쳐버렸다.

모스크바에서 며칠을 지내고 기차로 상트페테르부르크에 도착했다. 많이 낙후되어 있었지만 운하도 있고, 예전 러시아 제국의 화려했던 도시 모습을 볼 수 있었다. 콘퍼런스에 참석하기 위해 러시아 전역에서 100여 명의 러시아인들이 모였던 것 같다.

하루 저녁에는 피아노 콘서트로 공연장에서 연주를 했다. 사실 그때만 해도 나는 연주를 위한 찬송가나 워십 노래를 많이 알지도 못했고 연주한 적도 별로 없었다. 성가대를 위한 콘퍼런스를 위해 오기 전에 여러 찬송 편곡을 찾아보고 연습해서 그들에게 선보인 것이다. 그런데 웬일인가. 연주가 끝나자 뒤에서 사람들이 웅성거리는 소리가 들렸다. 사람들이 연주에 큰 감동을 받았다는 것이다. 나는 단지 연주라고 생각했는데, 그들의 반응에 내가 어리둥절해졌다.

그 소식이 LA 고회에도 전해지면서, 러시아에서 돌아오자마자 담임목사님께서 주일예배에서 간증을 하라는 것이었다. 간증이 무엇인지도 모르던 나는 1,000여 명의 성도들 앞에서 무엇을 어떻게 이야기해야 하는지 무척이나 떨렸다. 러시아에서 돌아온 나를 보는 성도들은 내 얼굴과 모습이 변했다고들 했다. 무슨 일이 어떻게 일어났을까. 내 안에 오랫동안 자리 잡았던 쓴 뿌리가 뽑힌 것인가?

러시아에서 여러 날 동안 선교사님들과 같이 지내면서, 그들의 일상에 세상의 안락이나 어떤 좋은 것도 없어 보였지만 이상하게도 나는 그러한 삶이 부러웠다. 정말 의미 있는 삶을 살아보고 싶다는 갈망이 그때 싹튼 것 같다.

Moscow에서

2.
나를 보내소서

70여 년의 공산체제가 빚어낸 가난과 혼란은 러시아인들로 하여금 더 나은 삶을 갈망하게 만들었다. 그리고 그들에게는 전능하신 하나님의 도우심이 절실하게 필요했다. 대회가 시작되고 경기장에 모인 1만여 명의 군중들 가운데 뜨거운 열기가 일어나기 시작했다. 내가 연주로 하나님의 신실하심을 찬양할 때 하나님의 영이 군중의 마음을 강력하게 만지심을 느꼈다. 그날 찬양은 군중들 한마음으로 연합시켰다고 했다. 사람들은 연주를 들으며 하나님을 만났다고 했다. 눈물을 흘리며 불안 속에 있던 마음에 놀라운 평강과 위로를 받았다고 했다. 나의 상상을 초월한 일들이 기적같이 일어났던 것이다.

LA에 도착하자마자 2개월 만에 나는 러시아로 또다시 가게 되었다. 이번에는 상트페테르부르크에 있는 올림픽 경기장에서 열리는 대부흥집회였다. 은혜교회에서 단독으로 비행기를 전세 내어 수백 명의 성도가 미국에서부터 이 대회에 참여했다. 1만여 명의 러시아인들이 전역에서 이 자리에 모였다. 러시아가 얼마나 큰 대륙인지 극동 러시아에서 기차로 일주일 넘게 달려온 사람들도 있었다. 얼마나 하나님이 갈급했으면…. 역마다 기차가 섰을 때 빵과 음료수를 공급받으며 왔다고 했다.

경기장에 1만여 명의 러시아인들이 가득 자리에 찼고 미국에서 간 수백 명의 봉사자들은 이들을 섬기면서 경기장의 계단을 하루 종일 오르락내리락 하였다. 어찌나 땀을 흘렸는지 몸에 수분이 다 빠져나가서 하루 종일 화장실을 가지 않아도 될 정도였다. 열악한 상황의 숙소에서는 더운 물이 안 나와서 조그만 냄비에 물을 데워 요령 있게 목욕하고 샴푸까지 한 기억이 난다.

상트페테르부르크에는 운하가 많이 있는데 운하를 연결하는 다리는 밤이 되면 열려서 건널 수가 없다. 어느 날 저녁, 우리를 태운 버스가 시간이 늦는 바람에 다리가 이미 열려 운하를 건널 수 없게 되었고, 숙소에 돌아갈 수 없는 황당한 일이 벌어졌다. 우리는 가까스로 어떤 빈 건물에 들어가 그곳의 딱딱하고 차가운 돌 바닥에서 하룻밤을 지내기도 했다.

70여 년의 공산체제가 빚어낸 가난과 혼란은 러시아인들로 하여금 더 나은 삶을 갈망하고, 절실하게 전능하신 하나님의 도우심을 구하게 만들었다. 대회가 시작되고 경기장에 모인 1만여 명의 군중들 가운데 뜨거운 열기가 일어나기 시작했다. 내가 연주로 하나님의 신실하심을 찬양할 때 하나님의 영이 군중의 마음을 강력하게 만지셨다.

그날 찬양은 군중을 한마음으로 연합시켰다고 했다. 사람들은 연주를 들으며 하나님을 만났다고 했고, 눈물을 흘리며 불안 속에 있던 마음에 놀라운 평강과 위로를 받았다고 했다. 나의 상상을 초월한 일들이 기적같이 일어났던 것이다.

내 나이 40대 중반. 허무한 인생의 갈림길에 서 있는 나에게 신실하신 하나님은 찬양 가운데 찾아오셨다. 아버지는 사랑으로 딸에게 오셨다. 그 순간 지나온 나의 인생이 헛되지 않았음을 알았다. 주님은 이때를 위해 나를 오랜 세월 동안 피아노 앞에서 훈련시켜주셨다. 무감각하게 느껴졌던 찬송가 가사가 이제는 하나님의 음성으로 들렸고, 그분에게 드리는 나의 고백이 되었다.

나는 그날부터 그분을 아버지라고 불렀다. 감춰졌던 잠재력, 그 귀한 보화를 발견하면서 찬양은 샘물같이 솟아나와 나를 치유했다. 또한 찬양은 많은 사람을 회복시키며 치유하고 있었다. 비록 연약하고 작은 손과 몸이지만 주님이 쓰실 때 거인 같은 그분의 능력이 나타났다.

내가 가야 할 길이, 목표가 눈앞에 분명히 보였다. 인생의 대 전환점, 혁명이 일어났다.

"내가 또 주의 목소리를 들으니 주께서 이르시되 내가 누구를 보내며 누가 우리를 위하여 갈꼬 하시니 그때에 내가 이르되 내가 여기 있나이다 나를 보내소서"(사 6:8).

Lord send me

3.
선과 악의 싸움

1993년 러시아에서 인생의 전환점을 만난 후 1994년 공연 레퍼토리가 완전히 바뀌었다. 전칮 독주회를 찬송 편곡으로 연주한 것이다. 새로 태어난 크리스천의 간증 무대가 된 것이다.
찬양은 내가 만난 하나님을 음악으로 증거하며 그분을 높이는 일이다. 어두움의 세력을 향하여 전쟁을 선포하는 일이다. 그 당시 나는 찬양이라는 것이 이렇게 어마어마한 일인 줄 미처 몰랐다.

1991년 오랜만에 한국을 방문하면서 호암아트홀에서 귀국 독주회를 가졌다. 1992년 LA로 이사 온 직후 로스앤젤레스에서 독주회를 열었는데 그때 베토벤, 쇼팽, 무소르그스키를 연주했다.
1993년 러시아에서 인생의 전환점을 만난 후 1994년 공연 레퍼토리가 완전히 바뀌었다. 전체 독주회에서 찬송 편곡을 연주한 것이다. 이는 새로 태어난 크리스천의 간증 무대가 되었다.

찬양은 내가 만난 하나님을 음악으로 증거하며 그분을 높이는 일이다. 어두움의 세력을 향하여 전쟁을 선포하는 일이다. 그 당시 나는 찬양이라는 것이 이렇게 어마어마한 일인 줄 미처 몰랐다.

연주회 당일, 이미 20곡을 레코딩 한 후라 준비도 잘된 상태였다. 그런데 연주가 시작되기 10분 전 무대 뒤에서 조용히 앉아 있는데 갑자기 진땀이 나면서 온몸이 전깃줄에 닿은 것같이 떨리면서 양손이 흉측하게 꼬이기 시작했다. 나는 겁에 질렸고 실신할 것 같았다. 내 몸 안에서 치열한 전쟁이 일어나고 있었다.

그날 1천여 명이 음악회로 모여 거의 만석을 이루었는데, 목사님이 회중에게 특별 기도를 부탁하였고 시간이 많이 지연되었다. 손이 조금씩 풀리면서도 무대로 나가서 연주하기에는 아직도 몸이 떨리고 있었다.

이때 옆에 계시던 여전도사님이 "용기를 내서 싸워 이겨야 돼!" 하면서 갑자기 나를 무대 쪽으로 밀어내는 통에 나는 밀려서 피아노로 간신히 걸어갔다.

사람들이 박수로 나를 응원하고 있었다. 손을 건반에 올려놓고 천천히 치기 시작했다. 웬일인가? 나도 모르게 내 손이, 내 몸이 찬양을 하고 있었다. 어두움의 세력은 더 이상 그 자리에 있을 수 없었다. 찬양은 승리를 가져왔다.

그날 나는 어마어마한 보이지 않는 영의 세계가 있음을 내 몸으로 체험했다. 그러면서도 연약한 나는 찬양의 세계가 두려웠다. "뒷걸음치면 안 되나요?"라고 주님께 묻고 있었다.

이러한 나에게 그 후로는 담대함을 더해주신 것 같다. 물론 늘 떨리고 두려운 마음으로 연주에 임하지만 다시는 이런 일이 일어나지 않았다.

> "두려워하지 말라 내가 너와 함께함이라 놀라지 말라 나는 네 하나님이 됨이니라 내가 너를 굳세게 하리라 참으로 너를 도와주리라 참으로 나의 의로운 오른손으로 너를 붙들리라"(사 41:10-13).

4.
빨간 피아노

은혜교회는 공산체제의 몰락을 기회로 러시아에 장기적 선교를 벌써부터 계획하고 있었다. 그러한 사역의 하나로 영재 소년들을 발굴하여 기독교 정신으로 장래의 탁월한 러시아의 지도자로 키우며 교육시키는 학교인 그레이스 김나제(Grace Gymnase)를 상트페테르부르크에 세우게 되었다.
나는 1994년과 1995년에 학교를 방문하고 학생들을 만났다. 그레이스 김나제(Grace Gymnase)를 어떻게 도울 수 있을까 고민하면서 찬송곡을 녹음하기 시작했다.

1994년에는 모스크바의 대경기장에서 전도집회인 그레이스 페스티벌(Grace Festival)이 다시 열렸다. 경기장의 무대 중앙에 빨간색의 피아노가 눈에 금방 띄었다. 생전 처음으로 보는 빨간 그랜드 피아노…. 공산주의의 프로파간다인가, 아니면 예수의 피로 물들인 피아노인가? 빨간 피아노로 연주했다. 그곳에 모인 자들의 열기는 날로 더해갔다.

은혜교회는 공산체제의 몰락을 기회로 러시아에 장기적 선교를 벌써부터 계획하고 있었다. 그러한 사역의 하나로 영재 소년들을 발굴하여 기독교 정신으로 장래의 탁월한 러시아의 지도자로 키우며 교육시키는 학교인 그레이스 김나제(Grace Gymnase)를 상트페테르부르크에 세우게 되었다.

나는 1994년과 1995년에 학교를 방문하고 학생들을 만났다.

그레이스 김나제(Grace Gymnase)를 어떻게 도울 수 있을까 고민하면서 찬송곡을 녹음하기 시작했다.

클래식 피아니스트가 연주할 수 있는 찬송 편곡을 찾는 일은 만만치 않았다. 흔히 피아노 전공자들은 이렇게 말한다.

"연주할 만한 찬송 편곡을 찾기 너무 힘들어요."

20-30여 곡을 찾아서 연습하기 시작했다. 마침 당시 크리스천 음악계에 주류를 이루고 있던 마라나타 그룹(Maranatha Group)과 연결이 되었고, 마라나타 뮤지션과 콜라보하여 좋은 녹음을 할 수 있었다. "오 신실하신 주"로 시작하여 "주기도문"으로 끝나는 20개의 찬송이 카세트 테이프로 나왔고 그 수익금을 그레이스 김나제에 헌납했으며 후에는 CD로 다시 출반되었다.

그로부터 25년이 지난 2019년 겨울이었다. LA에서부터 오랜 친분을 맺고 있었던 선교사님이 개척하신 하바롭스크 교회에 꼭 방문해 달라고 수년 전부터 만날 때마다 부탁하셨다. 최근 피아노까지 사서 교회에 들여 놓았다고 말씀하셨다. 나는 마침 한국에 간 김에 처음으로 그곳에 가게 되었다.

낡은 건물을 수년간 손수 고치면서 고생 끝에 새롭게 단장된 교회당이 아담하고 아름다웠다. 우리는 사랑이 넘치는 환영을 받았고 고려인 성도가 손수 만드신 훌륭한 한국 음식을 끼니마다 맛있게 먹었다.

러시아에 갈 때마다 많은 고려인들을 만났다. 고려인들은 조부모, 부모에게서 듣고 익힌 한국말을 한다. 러시아식 한국말이라고 할까? 고려인 3세인 슈라 집사는 대형 집회에서 통역으로 큰 역할을 해주신 여자 성도이다. 나에게 "피아노를 잘 놀아요!"라고 하여 한참 웃은 적도 있었다. 그들의 살아온 세월을 들으면서 강인하게 살아남은 우리 한국 디아스포라가 정겹고 자랑스럽게 느껴진다.

같은 해 하바롭스크에 가기 바로 며칠 전에 블라디보스토크에 다녀왔다. 그리고 그 옆 도시인 우수리스크의 교회에서도 작은 콘서트를 했다. 극동 러시아는 스탈린 시대에 강제 이동이 일어난 우리 민족의 뼈아픈 역사의 고장이다.

1937년 극동 지역에 거주하던 모든 고려인들이 갑작스러운 통고를 받자마자 열차에 실려 시베리아 횡단철도로 카자흐스탄과 우즈베키스탄 지역으로 강제 이주된 사건이 일어난 곳이다.

블라디보스토크에서 고려인들의 강제 이주 열차가 떠난 기차 정거장을 보았다. 그 당시 겪었던 혼란과 어려움은 상상조차 힘들 것 같다.

하바롭스크 교회 성도들이 예배를 드리는 모습은 진지하고 뜨거웠다. 나의 찬양 연주에도 열광적으로 반응해 주었다. 워십팀의 열정적인 찬양은 그들이 얼마나 하나님을 사모하는지 알 수 있었다. 러시아인들의 예술감각은 어딜 가나 뛰어났다.

또 놀라운 일은 25년 전 모스크바 전도집회에 참가했던 사람들을 하바롭스크 교회에서 다시 만난 것이다. 우리 모두가 체험했던 모스크바에서의 생생한 감격을 서로 나누었다. 그때의 내 연주도 기억한다고 했다. 그중에는 신학교에 가서 현재 목회자로 섬기는 분도 계셨다. 뿌려진 복음의 씨앗이 세월이 지나면서 자라나고 풍성한 열매로 맺어지고 있었다.

> "나는 심었고 아볼로는 물을 주었으되 오직 하나님께서 자라나게 하셨나니 그런즉 심는 이나 물 주는 이는 아무것도 아니로되 오직 자라게 하시는 이는 하나님뿐이니라 심는 이와 물 주는 이는 한 가지이나 각각 자기가 일한 대로 자기의 상을 받으리라"(고전 3:6-8).

5.
광야를 걷다

'언제쯤 저 터널 끝에 빛이 보일까.'

기다림과 외로움 속에서 3년이라는 시간을 버텨냈다.

작품은 소화되고 시간을 따라 익어가면서 감동이 있는 연주가 나온다고 믿는다. 세상일이 다 그럴듯이 달고 쓴 모든 과정을 지나야만 무르익은 열매를 볼 수 있다. 지름길을 통해서 좋은 결과를 바랄 수는 없다.

그 시간은 세상을 향한 나의 욕심을 정리하는, 하나님이 허락하시는 '광야의 시간'이었다. 새벽을 깨워가며 기도회에 갔다. 그러지 않고는 도무지 견딜 수가 없었다.

오직 하나님만 바라볼 수밖에 없었다.

1995년 그레이스 김나제 개교 1주년을 기념하기 위해 상트페테르부르크에 있는 음악 연주장인 필하모니아 홀(Philharmonia Hall)에 600여 명의 러시아 교육자들을 초청하여 콘서트를 열게 되었다. 이 콘서트 홀은 차이콥스키의 "비창"이 초연되기도 했던 역사적인 연주장이다.

그 장소에서 나는 상트페테르부르크 챔버 오케스트라와 협연하였다. 이번 연주를 위해 러시아의 작곡가인 아나톨리 까롤리요브가 피아노와 오케스트라를 위해 찬송곡들을 편곡해 주었다.

1993년 이후 나에게 새로운 열망이 생겼다. 피아니스트의 연주 기량도 발휘하면서 마음껏 하나님을 찬양할 수 있는, 예술과 영성을 겸비한 클래식 곡을 만들고 싶었다. 아나톨리 까롤리요브의 찬송 편곡을 연주하면서 1995년 상트페테르부르크에서 내가 바라던 작곡가를 만나게 된 것이다.

이러한 인연으로 그에게 찬송가를 주제로 한 피아노와 오케스트라를 위한 곡들을 위임하였다. 수개월 후에 완성되어 그의 손으로 쓴 악보가 내 손에 전해졌을 때 나는 눈물이 나도록 가슴이 감동으로 벅차 올랐다.

그가 전해준 악보는 "내 영혼 평안해" 클래식 찬송 협주곡과 "내 주는 강한 성이요"의 변주곡이었다. 피아노와 오케스트라를 위한 콘체르토 1악장은 "너 평생에 가는 길", 2악장은 "어느 민족 누구게나", 3악장은 "내 기도하는 그 시간"을 주제로 클래식 협주곡의 형식 안에서 라흐마니노프 스타일의 역동적으로 물결치는 듯한 작품이다.

둘째 곡인 변주곡(Theme and Variations)은 마틴 루터의 찬송가 "내 주는 강한 성이요"를 주제로 5개의 변주곡을 담았다. 각 변주곡은 여러 음악 시대를 대표하는 작곡가들의 스타일로 만들어져 브람스, 바흐, 베토벤, 드뷔시에 이어 까롤리요브 자신의 해석으로 맺어진다. 이 음악을 통해 시대와 장소를 초월해 모든 민족이 하나 되기를 간구하는 마음을 표현하고자 했다.

하나님을 찬양하는 클래식 작품을 보면서 나는 흥분했고 연주할 기회를 꿈꾸고 있었다. 그때 바로 상트페테르부르크 심포니 오케스트라가 미국 공연을 하는데 "내 영혼 평안해" 콘체르토의 협연 제의가 들어온 것이다.

'하나님은 어떻게 이처럼 초스피드로 나의 소원을 아시고 들어주시지?' 의아하면서 너무 감격스러웠다. 새로운 곡이었고 공연 날짜까지 곡을 완전 소화하기에는 충분치 못했다. 무리인 줄 알면서도 이런 절호의 기회를 놓치고 싶지 않았다. 흥분과 최고도의 긴장 가운데 연습에 몰입했다. 어서 속히 세상에 이 곡을 알리고 싶은 욕망이 나를 사로잡았다. 세상으로부터 인정받는 피아니스트가 되고 싶은 욕심도 없지 않았다.

그런데 연습하면서 손에 무리가 오기 시작했다. 더 이상 피아노를 칠 수가 없을 정도로 날로 통증이 더해갔다. 주위에서는 침을 맞으라고 권하기도 했다. 며칠을 견디면서 고민 끝에 결국 연주를 취소하기에 이르렀다. 그대 나에게 찾아온 절망과 좌절은 이루 말할 수 없다. 세상을 대면하는 것이 두려웠다. 삶 전체가 무너지고 있었다. 재정적인 어려움부터 시작해 교회, 친구, 사람들… 모두가 나를 외면하는 듯했다. 끝이 보이지 않는 깜깜하고 어두운 터널을 지나고 있었다.

'언제쯤 저 터널 끝에 빛이 보일까.'
기다림과 외로움 속에서 3년이라는 시간을 버텨냈다.
작품은 소화되고 시간을 따라 익어가면서 감동이 있는 연주가 나온다고 믿는다. 세상일이 다 그렇듯이 달고 쓴 모든 과정을 지나야만 무르익은 열매를 볼 수 있다. 지름길을 통해서 좋은 결과를 바랄 수는 없다. 그 시간들은 세상을 향한 나의 욕심을 정리하는, 하나님이 허락하시는 '광야의 시간'이었다. 새벽을 깨워가며 기도회에 갔다. 그러지 않고는 도무지 견딜 수가 없었다.
오직 하나님만 바라볼 수밖에 없었다.

오직 그분만이, 말씀만이 나를 위로할 수 있었다. 자진하여 새벽기도회에서 피아노 반주를 했다. 나의 자만을 그분 앞에 내려놓았다. 견디기 힘든 죽음의 시간이었으나 나에게 없어서는 안 될 내 삶에 가장 유익한 시간이 되었다. 광야의 죽음을 거치지 않고는 새로운 생명의 시간을 맞이할 수 없음을 지금은 안다.

흑백의 건반과 함께 참 많은 곳을 다녔다.

그리고 스스로 높아져 있었다.

시베리아의 바람 앞에 설 때까지

익숙한 피아노 건반들이 일순간 낯설음으로 다가왔다.

주님은 낯설고 황량한 그 들판에서 날 만나주셨다.

난 고백한다.

"주님, 내 작은 영혼이 떨릴 뿐입니다."

"두려워 말라. 내가 너와 함께함이니라…."

들려오는 세미한 주님의 음성

이제, 내 연약한 손이 주님의 손으로 태어난다.

(이 시는 사진작가 함철훈 선생님이
2003년 나의 3집 CD 뒤표지에 나를 위하여 써주셨다.)

이스라엘 광야

Part 2

웨일스(Wales)

6. 노래의 땅
7. 꿈의 고향
8. 1904 'Singing Revival'
9. 수선화
10. 포트 탤벗(Port Talbot)
11. 샌드파이퍼(Sandpiper)
12. 양치기
13. 겨자씨
14. 석양
15. Bible College of Wales
16. 웨일스 음악 선교의 열매 TMM

6.
노래의 땅

"황폐한 곳을 다시 세우며 파괴된 기초를 다시 쌓으며 무너진 데를 보수하는 사람을 찾고 계신다"(사 58-12).

한국 땅의 최초 개신교 순교자 토마스가 흘린 피는 1907년 평양 대부흥으로 이끄는 시발점이 되었다. 우리 민족에게 신앙의 뿌리를 심어준 토마스의 고향 웨일스에서 그가 남긴 신앙의 유산을 보고 느끼기를 원하면서 2012년 찾아갔다.

수차례에 걸친 대부흥을 경험한 웨일스, 또한 수많은 선교사를 파송한 영국이 이제는 교회들이 문을 닫고 술집으로 변하는 황폐한 광경을 보았다. 2004년에서 2008년 사이 영국에는 무슬림이 200만 명 늘어나는 반면, 200만 명의 영국인은 교회를 떠났다고 한다. 정 선교사님은 나의 클래식 찬송이 웨일스에 절실히 필요하다고 웨일스 방문을 권유했다.

> 나는 그때까지 "어느 민족 누구게나" 찬송이 웨일스의 노래라는 것을 알지 못했다. 이 찬송은 곡조는 같으나 다른 두 가사가 있다. 웨일스에서는 "O the deep deep love of Jesus"로 알려진 찬송곡이다. 1904년 웨일스 대부흥 시기에 웨일스 사람들은 계속 이 노래를 부르며 찬양했다는 것을 그에게 들으면서 예비하신 하나님의 인도에 놀라지 않을 수 없었다
>
> "어느 민족 누구게나 결단할 때 있나니
> 참과 거짓 싸울 때에 어느 편에 설 건가
> 주가 주신 새 목표가 우리 앞에 보이니
> 빛과 어둠 사이에서 선택하며 살리라"(찬송가 586장)

2011년 한국에서 사역한 지 6년째가 되던 해, 4년 전 평양 대부흥 100주년 기념 여행으로 아버지의 고향인 평양에 동행하였던 정 목사님을 서울에서 다시 만났다. 지금은 웨일스에 선교사로 가 계신다고 했다. 한국인이 어떻게 웨일스에서 선교하고 있는지 궁금했다. 사실 그때만 해도 웨일스에 대해 나는 아무것도 몰랐고 '대영제국' 영국에서 한국인이 무엇을 할 수 있는지 의아했다.

'한국과 웨일스는 무슨 관계가 있는 것일까?'

그때 복음을 들고 조선을 찾아온 웨일스의 젊은 목사, 토마스(Robert Jermaine Thomas)의 스토리를 듣게 되었다. 1866년 토마스는

미국 상선인 제너럴셔먼 호를 타고 통역관으로 대동강에 도착했으나, 평양성 관민과의 충돌로 셔먼 호는 불태워 격침되면서 승무원 전원이 죽었고 토마스는 사로잡혀 대동강변에서 순교를 당했다. 그는 칼에 목베임으로 처형 당하면서 "예수 예수" 외치며 대동강변에서 성경을 전달했다고 한다.

그를 처형한 박춘권은 후에 회심하여 평양 영주교회의 평신도 지도자가 되는 놀라운 기적이 일어났다. 토마스 목사가 죽기 전 전해준 성경책 종이로 벽을 도배한 집은 평양 장대현교회의 전신인 '널다리골 예배당'이 되었다.

이렇게 한국 땅의 최초 개신교 순교자인 토마스가 흘린 피는 한국 기독교를 1907년 평양 대부흥으로 이끄는 시발점이 되었다.

우리 민족에게 신앙의 뿌리를 심어 준 토마스의 고향 웨일스에서 그가 남긴 신앙의 유산을 보고 느끼기를 원하면서 2012년 웨일스를 찾아갔다. 수차례에 걸친 대부흥을 경험한 웨일스, 또한 수많은 선교사를 파송한 영국이 이제는 교회들이 문을 닫고 술집으로 변하는 황폐한 광경을 보았다. 2004년에서 2008년 사이 영국에는 무슬림이 200만 명 늘어나는 반면, 200만 명의 영국인은 교회를 떠났다고 한다.

정 선교사님은 나의 클래식 찬송이 웨일스에 절실히 필요하다고 나의 웨일스 방문을 권유했다. 또한 그 시기에 연주차 서울에 나와 있던 웨일스의 테너 휴 프라이데이(Huw Priday)를 만난 것도 하나님의 섭리였다. 런던과 세계적인 오페라 무대에서 활약했던 그는 10년 전 고향 웨일스로 돌아가서 그곳에서 다시 일어날 부흥을 준비하며 사역하고 있었다. 신앙적으로 잿더미와 같이 무너진 웨일스에 아직도 남아 있는 불씨가 커다란 부흥의 불길을 일으킬 것을 기도하고 있다고 했다.

내가 연주하는 동영상 "어느 민족 누구지나"를 들으면서 상당한 충격을 받은 듯했다. 사실 이 곡은 지난 수년간 어디를 가나 연주하는 나의 찬송곡이었다. 정의의 잣대가 무너진 이 시대를 향하여 외치는 노래이기에 특별한 감동이 있다. 평양에서도 이 곡을 연주하면서 뜨거운 감격이 있었다.

그런데 나는 그때까지 이 찬송이 웨일스의 노래라는 것을 알지 못했다. 이 찬송은 곡조는 같으나 다른 두 가사가 있다. 웨일스에서는 "O the deep deep love of Jesus"로 알려진 찬송곡이다. 1904년 웨일스 대부흥 시기에 웨일스 사람들은 계속 이 노래를 부르며 찬양했다는 것을 그에게 들으면서 예비하신 하나님의 인도에 놀라지 않을 수 없었다.

"어느 민족 누구지나 결단할 때가 있나니
참과 거짓 싸울 때에 어느 편에 설 건가
주가 주신 새 목표가 우리 앞에 보이니
빛과 어둠 사이에서 선택하며 살리라"(찬송가 586장)

2012년 두 달간 처음 웨일스를 방문하면서 여러 교회와 모임에서 연주 초청을 받았다. 찬송가를 연주할 때 연주곡임에도 불구하고 그들은 가사를 다 기억하고 따라 노래를 불렀다. 어릴 적부터 부르던 찬송이라면서 옛날을 회상하는 흰머리의 노인들… 성령의 임재를 처음 느껴 보았다는 웨일스 사람들의 감동 어린 얼굴을 보았다. "노래의 고장"이라고 불리는 웨일스… 노래를 잃고 얼어붙어 있던 그들의 가슴에 노래를 다시 찾은 감격의 눈물이었다.

2006년 이후 한국에 베이스를 두고 사역하던 중 웨일스 방문은 새로운 미지를 향한 비전을 갖게 해주었다. 준비 과정의 시간을 갖고자 미국으로 돌아가서 매일 절박한 심정으로 하나님의 뜻을 간구했다. 다시 한번 안정된 삶보다 사명자로서의 목표와 동기를 점검하면서 새로운 곳에서 새로운 일을 행하실 하나님에 대한 기대감으로 나의 마음은 벅차올랐다. 웨일스로 인도하는 주님의 음성이 말씀으로 나에게 확신을 가져다주었다.

"너는 그리스도 예수의 좋은 병사로 나와 함께 고난을 받을지니 병사로 복무하는 자는 자기 생활에 얽매이는 자가 하나도 없나니 이는 병사로 모집한 자를 기쁘게 하려 함이라"(딤후 2:3-4).

"황폐한 곳들을 다시 세울 것이며 너는 역대의 파괴된 기초를 쌓으리니 너를 일컬어 무너진 데를 보수하는 자라 할 것이며"(사 58:12).

어느 민족 누구게나

평양의 토마스 선교사

하노버 예배당(Hanover Chapel)

7.
꿈의 고향

1866년 대동강의 순교자 토마스(Robert Jermaine Thomas)의 땅, 이상하게도 꿈 속에서 그리던 고향에 돌아온 포근한 느낌이 든다. 왜 그런지 나는 오래전부터 영국 시골에 살고 싶어 했다.

"여호와는 나의 목자시니 내게 부족함이 없으리로다 그가 나를 푸른 초장에 누이시며 쉴 만한 물가으로 인도하시는도다 내 영혼을 소생시키시고 자기 이름을 위하여 의의 길로 인도하시는도다"(시 23:1-3).

런던 히스로 공항(London Heathrow Airport)에서 서쪽으로 자동차로 달리다가 '고아의 아버지'와 '5만 번의 기도 응답'으로 잘 알려진 조지 뮬러(George Muller)가 살던 브리스톨(Bristol)을 지나면 긴 다리를 건너게 된다. 잉글랜드와 웨일스의 경계선이다. 낯선 언어로 쓰인 고속도로 표시판이 웨일스로 들어왔음을 알린다.

그리고 중보 기도자의 아버지 리스 하월즈(Rees Howells)가 사역했던 스완지(Swansea)와 웨일스의 1904년 대부흥의 근원지인 모리야교회(Moriah Chapel)가 있는 라허(Longher)라는 작은 마을을 지나면 우리의 목적지인 흘라네클리(Llanelli)에 도착한다. 긴 비행 시간 후 다시 4시간 넘게 자동차로 온 것이다.

1866년 대동강의 순교자 토마스(Robert Jermaine Thomas)의 땅, 이상하게도 꿈속에서 그리던 고향에 돌아온 포근한 느낌이 든다. 왜 그런지 나는 오래전부터 영국 시골에 살고 싶어 했다.

2012년 6월 15일 웨일스를 처음 방문한 후 11개월 만에 2년 비자를 받고 다시 오게 되었다. 바다 바로 앞에 있는 아파트를 구했다. 엘리베이터가 없어서 계단으로 4층까지 걸어 올라가야 하지만 운동 겸 건강에 좋을 것 같았다. 꼭대기 층이라 뷰가 참 좋았다. 침실에서는 바다가 보이고 거실 앞에는 커다란 호수 같은 저수지가 있어서 꼭 물 위에 떠 있는 것 같았다. 장시간 여행과 이사로 몸은 무척 피곤했다. 방문했을 때와 장기간 살기 위해 온 느낌은 매우 달랐다. 새로운 곳이 주는 기대와 흥분과 함께 미래에 대한 부담도 몰려왔다.

웨일스의 날씨는 변화무쌍했다. 며칠 동안 강한 태양 빛이 계속 되더니 이제는 비바람이 몰아친다. 우리 아파트에는 유리 문과 창문 이 사방으로 나 있어서 창마다 보이는 풍경이 한 폭의 그림 같았다. 그 그림들은 시간에 따라 변화했다. 하루에 두 번씩 밀물과 썰물은 어김없이 찾아왔고 창밖에 보이는 바다는 광활한 갯벌이 되었다가 다시 바닷물로 가득 찼다.

집을 나서면 바닷가를 끼고 걷는 산책길이 있다. 작은 언덕을 넘 어 내려가면 잔잔한 호수가 있는데 나는 이곳을 "백조의 호수"라고 이름 지었다. 우아하게 물 위를 미끄러져 가는 백조를 보노라면 차 이코프스키의 발레 "백조의 호수"를 연상케 했다. 호수에서는 하얀 갈매기와 백조가 함께 조화를 이루며 사이좋게 지낸다.

몇 주 전에 갓 태어난 백조 새끼가 많이 자란 것 같다. 새끼는 갈 색 털을 갖고 있다. 그러나 자라면서 아름다운 흰색의 백조로 변신 한다. 몇 주일이 지났는데도 계속 어미 백조는 새끼를 품고 꼼짝하 지 않는 것 같다. 백조는 쌍을 이루면 평생 같이 산다고 한다. 엄마, 아빠가 자기들이 정한 영역을 고수하며 새끼들을 지키고 있다. 동물 세계에도 이런 질서와 윤리(?)가 있다는 것이 놀랍다. 장난스러운 개 가 백조에게 가까이 가면 금방 사나운 소리를 내며 공격 태세로 나 온다. 그래서 어린아이들은 백조 가까이에 가지 말라고 경고한다. 영국에서는 모든 백조가 영국 여왕의 소유여서 그 누구도 백조를 사살해서는 안 된다고 한다.

어느 날 갑자기 비행기가 나는 것 같은 소리에 놀라서 위를 보니 백조 두 마리가 큰 몸뚱어리로 날아오르는 것이었다. 갈매기가 소형 비행기라면 백조는 점보 제트기 같다.

위도상으로 북쪽에 위치한 웨일스는 여름에 10시가 되어서야 날이 어두워졌다. 저녁을 먹고 산책에 나섰다. 바람이 얼마나 세찬지 바람과 싸우며 걸었다. 그래도 얼굴에 부딪치는 신선한 바람이 상쾌했다.

썰물이라 바다는 갯벌을 드러내고 있었고 풀밭에는 노란 버터컵(buttercup), 데이지(daisy), 보라색 토끼풀이 어우러져 있었다. 하나님이 만드신 자연은 어느 무엇과도 비교될 수 없도록 아름답고 신선하다. 하나님을 색깔로 묘사할 수 있을까? 파란 하늘색일 것 같다.

어젯밤 비바람이 몹시 불었다. 아침이 되니 잔잔해지면서 회색 하늘이 파래진다. 하루에도 시시각각으로 변하는 웨일스 날씨… 잿빛 하늘이 파랗게 되더니 시꺼멓던 바닷물도 금세 하늘색으로 바뀐다. 물은 색깔이 없다. 그래서 하늘의 색을 담아낸다. 내 마음은 무슨 색일까? 마음이 투명하면 하나님의 색깔을 담아낼 것 같다.

웨일스에서 시편 23편은 너무나 실감난다. 내가 부르는 노래이며 기도이다.

"여호와는 나의 목자시니 내게 부족함이 없으리로다 그가 나를 푸른 초장에 누이시며 쉴 만한 물가로 인도하시는도다 내 영혼을 소생시키시고 자기 이름을 위하여 의의 길로 인도하시는도다"(시 23: 1-3).

Classic Piano Hymns

8.
1904 'Singing Revival'

2년간 영국 전역에서 10만여 명이 예수를 만나며 삶의 변화가 일어난 놀라운 부흥의 역사가 일어났다. 노래를 아주 좋아하는 웨일스 사람들은 대부흥 시기에 찬송과 기도가 끊이지 않았다고 한다. 그래서 이 부흥을 'Singing Revival'이라고도 부른다.

우리가 웨일스에서 정착한 곳은 흘라네클리(Llanelli)라는 남서쪽에 위치한 작은 바닷가 마을이다. 발음부터가 매우 힘든 곳이다. 고대어인 웨일스 언어는 영어의 알파벳을 쓰지만 발음은 아주 다르다. Llanelli에서 'Llan'은 '흘란'으로 발음되며 성자(Saint)라는 단어이다. 'Elli'는 '에클리'로 발음되며 성자의 이름이다. 그래서 '흘라네클리'라고 발음한다. 탄광지였던 흘라네클리는 탄광이 닫힌 후 지금은 푸른 초장의 바닷가 마을로 변했다.

웨일스 대부흥의 근원지로 잘 알려진 모리야 교회(Moriah Chapel)가 있는 라허(Lougher)라는 마을까지 자동차로 15분 걸리는 바로 옆 동네이다. 세계적으로 강력한 성령의 영적 파장을 일으켰던 곳으로 잘 알려진 라허는 한산한 시골 마을이다. 하나님은 우리 기대와는 다르게 보잘것없는 장소나 사람을 통하여 일하시는 것 같다.

빨간 문이 있는 모리야 교회 앞에는 1904 웨일스 대부흥의 주인공 에반 로버츠(Evan Roberts)의 동상이 있고 교회 뒤에는 그의 가족들 무덤이 있다. 에반 로버츠의 동상에는 그의 친필로 이렇게 새겨져 있다.

"Dear Friend,
God loves You.
Therefore, Seek Him diligently;
Pray to Him earnestly.
Read His Word constantly.
Yours in the Gospel,
Evan Roberts"

웨일스를 일컬어 "부흥의 땅"(Land of Revivals)이라고 하는데 1904년 대부흥 전에도 1762년 이래 100여 년 동안 열다섯 번 이상의 크고 작은 부흥이 곳곳에서 일어났다고 한다. 내가 방문했던 북웨일스의 벳겔레츠(Beddgelert)도 그 당시 부흥이 일어났던 현장이었다. 당시 교회 학교는 아이들로 넘쳐나고 기도와 성경 통독 모임, 영적 경험을 나누는 소그룹 모임으로 번성하였다고 한다. 이러한 영적 부흥이 1904년 웨일스의 청년인 에반 로버츠를 통해 다시 피어오른 것이었다.

그는 탄광마을 로허에서 유년 시절을 지나며 광산, 대장간에서 험한 일을 하였다. 24세에 신학교에 가고자 예비학교(Grammar School)를 다니던 중 세스 조슈아(Seth Joshua)의 집회에서 강한 영적 체험을 하면서 자신이 경험한 성령의 역사를 고향 친구에게 전하고자 고향에 돌아왔다. 그렇게 모리야 교회당 바로 옆에 있는 부속 건물인 스쿨룸에서 18명의 친구들과 1904년 10월 31일에 기도회를 시작했다.

11월 10일까지 밤을 새워 계속 8-9시간씩 기도할 때 갑자기 한 여자아이가 "Jesus! I Love you with all my heart!"라고 외치자 모두 강력한 성령에 사로잡히면서 회개가 터져 나왔다고 한다. 이렇게 시작된 기도회는 사람들로 넘쳐나서 교회 밖까지 인산인해를 이루며 예배와 기도, 찬송이 계속되었다. 사람들로 가득 찬 교회 안에서 에반 로버츠가 설교단으로 가기 위해 사람들의 머리 위로 넘어 가야 할 정도였다고 한다. 술과 방탕함으로 살고 있던 광부들의 삶이 변화되면서 술집들은 문을 닫고, 범죄가 없어지니 경찰서와 재판소도 문을 닫을 정도였다고 한다. 심지어는 광부들의 언행이 점잖아지자 일을 부리던 노새까지도 광부의 말을 알아듣지 못했다고 한다.

이렇게 2년간 영국 전역에서 10만여 명이 예수를 만나며 삶의 변화가 나타나는 놀라운 부흥의 역사가 일어났다. 노래를 아주 좋아하는 웨일스 사람들은 대부흥 시기에 찬송과 기도가 끊이지 않았다고 한다. 그래서 이 부흥을 'Singing Revival'이라고도 부른다.

이러한 놀라운 변혁이 왜 계속되지 못하고 어떻게 지금의 황폐한 상황이 된 것인지 매우 의아스러워서 주위 웨일스 분들에게 많은 질문을 해보았다. 아마도 이들의 기도와 찬송, 체험 위주의 예배 생활이 감성을 자극하는 데 그친 것일까?

20세기에 들어서면서 유럽은 개인주의 문화가 팽배해지면서 타인의 삶에 관여하지 않게 되었다. 그리고 제1, 2차 세계대전으로 수많은 젊은 크리스천이 전사한 사실도 큰 영향을 끼쳤다고 한다.

웨일스에서는 모리야 교회(Moriah Chapel)에서 수차례 연주할 기회가 있었다. 예배당을 방문객에게 소개하며 관리도 하는 베탄(Bethan) 자매와는 여러 해 좋은 친분을 맺고 있었다. 베탄 자매는 에반 로버츠의 바이올린을 소장하고 있었다.

The Music Messengers가 모리야 교회에서 콘서트를 하면서 그 바이올린으로 직접 연주하였는데 에반 로버츠의 바이올린을 들어보고 만져볼 수 있는 특별한 기회를 가졌다. 광부였던 그가 바이올린을 갖고 있었다는 사실도 놀라웠다.

1904 웨일스 대부흥의 사랑의 노래 "Here is love vast as the ocean"은 웨일스의 애창곡으로 웨일스 말로 이 노래를 한다.
"Dyma Gariad Fel Y Moroedd."

Moriah chapel

8. 1904 'Singing Revival'

9.
수선화(Daffodil)

겨울은 인내의 시간이다. 잘 견디는 자에게 봄은 소망을 가져다준다. 그리고 그 아름다움은 세상에 기쁜 소식을 전한다. 온 세상을 축복한다.

피아노 없이 사는 피아니스트가 베크슈타인(Bechstein)이라는 훌륭한 그랜드 피아노로 연습할 수 있게 되었다. 게다가 우리 마을 명소인 스트라디 캐슬(Stradey Castle)에서…. 매일 아침이면 캐슬(Castle)에 가서 연습을 한다.

공원같이 큰 곳이라 입구에 들어서도 오솔길을 지나야 캐슬에 도착한다. 그 길을 가노라면 가을에 빨갛게 열매를 맺는 사과나무도 있고 예전에 쓰던 마구간도 보인다. 비가 온 후에는 시냇물도 콸콸

흐른다. 영국 정원은 온갖 꽃들과 야생화들로 철마다 새롭다.

 캐슬을 지키는 작은 개가 한 마리 있는데 이름이 '키토'이다. 이제는 나를 잘 알아보고, 내가 가면 피아노가 있는 거실에 같이 들어오려고 한다. 피아노를 치면 피아노 밑으로 들어가서 한참 신나게 노래한다. 웨일스에서는 개도 노래를 좋아하나보다. 키토는 'Singing Dog'이다.

 웨일스는 겨울에 웬만해서는 기온이 영하로 내려가지 않는다. 그럼에도 해양성 기후라 무척 싸늘하고 춥다. 더욱이 실내 난방이 잘 되어 있지 않고 날씨도 거의 매일 우중충하여 겨울을 지내기가 쉽지 않다. 게다가 얼마나 바람이 세게 부는지, 우리가 사는 4층 건물은 지진같이 흔들린다.
 내가 연습하는 캐슬은 천정도 높고 큰 거실이라 무척 싸늘해서, 나는 따뜻한 고무 물주머니로 손을 녹여가며 연습하곤 한다.

 그치지 않을 것 같던 세찬 비바람과 폭풍의 연속이었던 웨일스의 겨울도 때가 이르면 추위와 함께 물러가야 한다. 곳곳에 웨일스의 꽃, 수선화가 봄이 왔음을 알려준다. 웨일스의 국화인 수선화(daffodil)는 '새로운 시작, 재탄생'을 상징하는데, 겨울 추위가 다 가기 전에 온 마을을 노란색으로 물들여준다.
 캐슬로 가는 길에 조그만 하얀 꽃 갈란투스(snowdrop)가 추운 겨

울 땅을 헤치고 나온다. '여기도 봄은 찾아오는구나! 겨울의 음침한 골짜기를 잘 견뎌냈구나!'

봄은 새로운 시작이다. 새롭게 시작할 수 있는 활기를 부어준다. 겨울 내내 수선화는 꽃을 피우기 위해 차갑고 어두운 땅 속에서 참고 기다려야 했다. 겨울은 인내의 시간이다. 잘 견디는 자에게 봄은 소망을 가져다준다. 그리고 그 아름다움은 세상에 기쁜 소식을 전한다. 온 세상을 축복한다. 어둡고 음침한 흙을 뚫고 나온 수선화가 나에게 주는 희망의 메시지이다.

Open our eyes

Stradey Castle, Llanelli Wales

10.
포트 탤벗(Port Talbot)

귀에 익숙한 피아노 찬송이 울리면서 썰렁했던 예배당이 소리로 가득 채워졌다. 찬송의 파워는 어두움을 물리치고 있었다. 사람들은 하나님의 영광을 본 지나간 날들을 회상하는 것 같았다. 그날 저녁 포트 탤벗(Port Talbot)의 어두운 밤에 밝은 빛이 비추었다. 모든 사람에게 감동과 은혜가 넘쳤다.

마지막 앙코르로 "Be Still My Soul, the Lord is on Thy side"를 연주할 때 사람들은 같이 노래를 불렀다. 그들의 얼굴에서 주님이 주시는 기쁨과 위로가 있었다.

웨일스 사람들은 음악을, 특히 찬송가를 아주 좋아하는 민족이다. 콘서트가 마친 후에도 사람들은 아쉬워하며 그곳을 떠나려 하지 않았고 그날 저녁에 받은 감동에서 더 오래 머무르고 싶어 했다.

'연약해지고 황폐된 교회를 일깨우려고 나를 웨일스로 보내셨구나.'

부르심을 확신하며 격려 받는 시간이었다.

런던에서 M4 고속도로를 타고 잉글랜드를 지나 웨일스 지역으로 들어오면 포트 탤벗(Port Talbot)라는 항구도시를 지나게 된다. 강철공장이 있는 공업지대라 그 지역을 지날 때는 좋지 않은 유황 냄새가 난다.

포트 탤벗은 한때 강철공장으로 번성했던 도시였는데 국영 기업이던 강철사업이 민영화되면서 사람들은 직장을 잃고 마약에 손을 대며 가난해지고 삶이 어려워졌다. 교회 옆은 도박장, 술집이 있는 어두운 분위기였다.

바로 몇 개월 전, 마약 중독에서 회심하여 새로 태어난 크리스천의 침례식이 포트 탤벗 바닷가에서 열렸다. 마을에 들어서자 오토바이를 탄 장발에 검은 가죽 자켓을 입은 사람들로 요란하고 시끌벅적했다. 알고 보니 침례받는 사람들과 축하객들이었다. 그 침례식에서 바다 모래사장에 키보드와 스피커를 설치하고 음악으로 섬겼다. 그때 베탄(Bethan)이라는 자매를 만났는데 자신이 섬기는 포트 탤벗(Port Talbot) 교회를 도와달라고 요청하였다. 그래서 우리는 연주회를 계획하였다.

베탄이 다니는 교회는 6명이 모이는 작은 교회다. 그런데 그녀가 주선하여 그 지방의 다섯 교회가 연합하여 나를 초청하고 연주회로 모였다. 교회당에 들어서니 천장에서 비가 새고 아주 썰렁한 분위기였다.

같이 간 우리 모바일팀 청년들과 키보드와 스피커를 설치하고 중보기도를 뜨겁게 했다. 시간이 되자 사람들이 모이기 시작하면서 예상보다 북적거렸다. 60-70명은 모인 것 같았다.

귀에 익숙한 피아노 찬송이 울리면서 썰렁했던 예배당이 소리로 가득 채워졌다. 찬송의 파워는 어두움을 물리치고 있었다. 사람들은 하나님의 영광을 본 지나간 날들을 회상하는 것 같았다. 그날 저녁 포트 탤벗의 어두운 밤에 밝은 빛이 비추었다. 모든 사람에게 감동과 은혜가 넘쳤다.

마지막 앙코르로 "Be Still My Soul, the Lord is on Thy side"를 연주할 때 사람들은 같이 노래를 불렀다. 그들의 얼굴에서 주님이 주시는 기쁨과 위로가 있었다. 웨일스 사람들은 음악을, 특히 찬송가를 아주 좋아하는 민족이다. 콘서트가 끝난 후에도 사람들은 아쉬워하며 그곳을 떠나려 하지 않았고 그날 저녁 받은 감동에 더 오래 머무르고 싶어 했다.

'연약해지고 황폐된 교회를 일깨우려고 나를 웨일스로 보내셨구나.'

나에게도 하나님의 부르심에 감사하며 격려받는 시간이었다.

찬송가 "Be still my soul"은 교향시 "Finlandia" 중 "Finlandia Hymn" 곡조에 독일의 카타리나 본 슐레겔(Katharina von Schlegel)이 쓴 시를 가사로 하여 찬송가로 널리 불리게 되었다. 원곡 "Finlandia"는 1899년 핀란드의 작곡가 장 시벨리우스(Jean Sibelius)가 핀란드에 대한 러시아의 압제에 대항하여 작곡한 것으로 민족주의의 바람을 일으킨 유명한 교향시이다.

Be still, my soul: the Lord is on thy side
Bear patiently the cross of grief or pain
Leave to thy God to order and provide
In every change God faithful will remain
Be still, my soul: thy best, thy heavenly
Friend Through thorny ways leads to a joyful end.

(lyrics by Katrina von Schlegel
music from "Finlandia" by Sibelius)

포트 탤벗 바닷가 침례식

11.
샌드파이퍼(Sandpiper)

'자연에서 살고 싶다'라는 나의 소원을 바로 이곳에서 이룬 것 같다. 그런데도 평화로운 나날인 이곳에 지루함이 찾아온다. 외딴 적막한 땅에 홀로 서 있는 것 같은 느낌이 들기도 한다.

일로 바쁘게 살던, 많은 군중 속의 삶에서 새롭게 다가온 적막함….

세상의 소리, 사람의 소리가 들리지 않는 이곳에서 하나님의 음성이 더 잘 들리지 않을까? 자신의 내면을 적나라하게 투시하는 계절의 시작인가?

즐겨 가는 샌드파이퍼 레스토랑(Sandpiper Restaurant)은 백조의 호수를 끼고 있는 우리 동네 대중 음식점이다. 점심을 먹고 호수에서 재미있게 놀고 있는 새들을 보면서 집으로 걸어간다. 빗방울이 조금씩 떨어지더니 안개가 자욱하게 밀려와 꼭 구름 속을 걷는 것 같다.

내가 좋아하는 벤치에 잠시 앉아 호숫가의 새들을 바라본다. 백조들은 머리를 물에 처박고 먹이 찾기에 바쁘다. 그들은 호수에서 자라는 풀(algae)을 먹고 산다. 바로 앞 하얀 갈매기 한 마리가 물 위에 동동 떠 있는 모습이 참 예쁘다.

풀을 깎아놓은 후여서 오늘 따라 촉촉한 바람과 함께 풀향기가 참 좋다. '자연에서 살고 싶다'라는 소원을 바로 이곳에서 이룬 것 같다. 그런데도 평화로운 나날인 이곳에 지루함이 찾아온다. 외딴 적막한 땅에 홀로 서 있는 것 같은 느낌이 들기도 한다.

일로 바쁘게 살던, 많은 군중 속의 삶에서 새롭게 다가온 적막함…. 세상의 소리, 사람의 소리가 들리지 않는 이곳에서 하나님의 음성이 더 잘 들리지 않을까? 자신의 내면을 적나라하게 투시하는 계절의 시작인가?

12.
양치기 밥(Bob)

> 양들은 목자의 얼굴과 목소리를 알아듣는다. 목자가 양들을 부르면 "음~메" 하면서 응답한다. 나도 따라서 소리를 내어 불렀더니 양들은 들은 척도 안 한다. 사랑으로 돌봐주는 자기들의 목자를 알고 의지한다.

열흘간 열방축제(Celebration for the Nations)로 이 작은 마을이 청년들로 북적이더니 이제 모두 떠나고 다시 조용해졌다. 얼마 전 콘서트에서 만났던 밥(Bob)과 버니스(Bernice)의 농장을 찾아갔다. 밥은 2년 전에 하나님을 만나고 거듭난 크리스천이 되었다. 웨일스 사투리로 구수하게 이야기를 풀어나가는 밥의 말을 듣노라면 내면에 깊은 지혜가 있다.

부엌 겸 거실에는 난로가 타고 있어서 늘 훈훈하다. 따뜻한 밀크

티와 버니스는 갓 구운 케이크를 대접하면서 낯설고 새로운 고장에서 적응해가는 우리의 외로움을 달래주고 진정한 사랑을 보여주었다. 우리는 금방 밥과 그의 아내 버니스와 아주 친한 친구가 되었다.

밥은 양을 치는 목자인데 500마리의 양을 기른다. 9월이 되면 새로운 어린 양을 들여와서 1년 동안 보살피고 키운다. 대부분 암컷을 기르는데 40마리 암컷에 한 마리 수컷의 비율로 키운다고 한다. 동물세계의 번식은 이렇게 이루어지는 것 같다.

양들은 목자의 얼굴과 목소리를 알아듣는다. 목자가 양들을 부르면 "음~메" 하면서 응답한다. 나도 따라서 소리를 내어 불렀더니 양들은 들은 척도 안 한다. 사랑으로 돌봐주는 자기들의 목자를 알고 의지한다. 밥은 어린 양이 아플 때 돌봐주고 털도 깨끗이 씻어준다. 푸른 초장이 끝없이 펼쳐져 있는 이곳에 사는 밥의 양들은 행복하다.

> "나는 선한 목자라 내가 내 양을 알고 양도 나를 아는 것이 아버지께서 나를 아시고 내가 아버지를 아는 것 같으니 나는 양을 위하여 목숨을 버리노라"(요 10:14-15).

집 뒷마당에는 버니스가 닭을 기르는데 나는 그렇게 멋있는 닭을 본 적이 없다. 닭장 안에는 한 마리의 수탉이 암컷들 가운데 왕같이 기세 당당하게 군림하고 있었다. 동물은 수컷이 몸집도 크고 암컷보다 훨씬 더 멋있고 아름답다. 버니스는 갓 나온 계란을 가져다 우리에게 주곤 했다.

　하나님을 만난 후 밥은 목장에 작은 기도집을 통나무로 손수 지었다. 통나무집 안에는 오래된 고풍스러운 커다란 성경책이 놓여 있었다. 우리는 그곳에서 조용히 기도했다. 적막한 그곳에서는 시냇물 소리가 들리고 하나님의 음성이 들린다고 했다. 여기 사람들은 대자연 속에서 하나님의 음성을 듣고 대화하는 것 같다.
　목장으로 가는 길에 밥이 차를 세우더니 길가에 있는 아카시아 꽃을 꺾어 나에게 준다. 집에 와서 작은 물컵에 담가놓으니 향기가 온 집 안을 채운다. 그 향기에 나는 사랑과 행복을 느낀다.

선한 목자

양치기 밥(Bob)

13.
겨자씨

겨자 잎에 몸에 좋은 영양분이 있다고 하여 밥의 농장에서 한아름 가져다가 요리해서 먹었다. 케일과 같은 맛이다. 여기 사람들은 그것도 모르고 다 버린다고 한다.

    겨자씨는 아주 작은 씨앗인데 땅에 심기면 몇 주일 만에 커다란 나무로 자란다. 밥이 심은 겨자씨가 자라서 무릎에 오더니 이제는 허리를 넘을 정도로 무성하게 자랐다. 노란 꽃이 만발한 겨자나무 밭은 참 풍성하고 아름답다.
    밭에 겨자씨를 심으면 토양을 깨끗하게 하여 옥토가 된다고 밥이 설명해준다. 그래서 겨자나무가 다 자라면 뽑고 땅을 뒤엎어버린다. 그리고 채소와 곡물을 심는다. 겨자 잎에는 몸에 좋은 영양분이 있다고 하여 밥의 농장에서 한아름 가져다가 요리해서 덕었다. 케일과 같은 맛이다. 여기 사람들은 그것도 모르고 다 버린다고 한다.

예수께서 말씀하신 겨자씨 비유를 생각해 본다.

"이르시되 너희 믿음이 작은 까닭이니라 진실로 너희에게 이르노니 만일 너희에게 믿음이 겨자씨 한 알만큼만 있어도 이 산을 명하여 여기서 저기로 옮겨지라 하면 옮겨질 것이요 또 너희가 못할 것이 없으리라"(마 17:20).

다 자란 겨자나무들은 베어져서 없어졌지만 다음에 심을 곡물이 잘 자라도록 토양을 준비해 준다. 다음 세대를 위해 자기의 생명을 기꺼이 내어주는 겨자나무가 예수님을 닮은 것 같다.

14.
석양

이곳에 온 후로 주님은 계속 나에게 "잠잠히 있으라" 하신다. 참된 안식을 배우라고 하신다. 안식은 애써서 얻어지는 것이 아닌 것 같다. 애쓸수록, 내 노력이 들어갈수록 안식에서 멀어진다. 지금은 일하기보다 조용히 하나님 앞에서 그분의 음성을 듣는 때임을 기억하자. 쉬라고 할 때 쉴 줄 아는 것이 참 지혜이다.

'웨일스와 유럽의 잠자는 교회를 찬송으로 깨우리라'는 거대한(?) 비전을 안고 웨일스에 온 지 벌써 10개월이다. 그런데 그동안 여기서 무엇을 했지? 우리 민족에게 복음의 씨앗을 심어준 이 나라에 와서 과연 무엇을 할 수 있단 말인가? 이들의 신앙 유산을 물려받은 우리는 이 민족의 손자, 손녀 같은 자들이다. 손주가 할아버지, 할머니에게 와서 무엇을 어떻게 해드릴 수 있을까?

　오늘도 바닷가를 걷는다. 밀물 때라 바다는 물로 가득 차 있었고 석양은 하늘과 바다를 온통 붉은색으로 물들이고 있었다. 한 시간 정도 걷고 집으로 돌아올 때, 이미 석양은 수평선으로 지고 있었다. 문득 '나의 인생이 지고 있는 저 석양과 같구나'라는 생각이 든다.
　여러 해 전에 어느 분이 내게 이런 말을 해 준 기억이 난다.
　"석양이 가장 아름다운 거예요."

　이곳에 온 후로 주님은 계속 "잠잠히 있으라" 하신다. 참된 안식을 배우라고 하신다. 안식은 애써서 얻어지는 것이 아닌 것 같다. 애쓸수록, 내 노력이 들어갈수록 안식에서 멀어진다. 지금은 일하기보다 조용히 하나님 앞에서 그분의 음성을 듣는 때임을 기억하자. 쉬라고 할 때 쉴 줄 아는 것이 참 지혜이다.

　　"나는 마음이 온유하고 겸손하니 나의 멍에를 메고 내게 배우라
　　그리하면 너희 마음이 쉼을 얻으리니"(마 11:29).

　유럽 선교를 앞장서서 하는 최종상 목사님이 시작하신 런던 Brentwood의 AMNOS 학교의 졸업식 축하 연주를 하러 가는 길이었다. 짙은 안개 속을 뚫고 가는 런던행 기차 안에서 참 오랜만에 얼어붙었던 내 마음이 녹아 내리면서 눈시울도 뜨거워졌다.

'안식'은 하나님이 거저 주시는 은혜이다. 기차 안에서 하나님께 모든 것을 내려놓고 그분이 일하시도록 맡기라는 감동이 계속 온다.

'하나님의 은혜보다 나의 힘으로 무언가 이루려고 하고 있구나.'

'은혜'라는 단어를 입버릇처럼 자주 말하지만 진정 하나님의 은혜가 무엇인지 자신에게 물어본다. 나의 노력으로 지금 이 자리에 와 있다고 생각하고 있는가? 어디까지가 하나님의 은혜이고 어디까지가 나의 노력인가?

> "…너희는 가만히 있어 내가 하나님 됨을 알지어다…내가 세계 중에서 높임을 받으리라…"(시 46:10).

Abide with Me

15.
Bible College of Wales(BCW)

독일군의 폭격이 계속되는 가운데 기도에 응답하시는 하나님을 굳게 믿으면서 학생들과 함께 영국의 승리를 위해 금식과 기도로 매달렸다. "전쟁은 성령께 속한 것입니다"라고 제단에 목숨을 바치는 기도가 영국을 구원한 기적의 사건이 되었다.

2차 세계전쟁 당시 역사를 바꾸어놓은 엄청난 사건이 있었다. 1940년 9월 15일 거의 무방비 상태에 있는 영국군에게 나치 독일 공군기가 무차별 공격을 퍼붓다가 갑자기 전면 후퇴한 사건이다. 윈스턴 처칠(Winston Churchill)은 그의 전쟁 회고록에서 나치 독일과의 공중전에서 영국이 승리를 거둔 절정의 날이라고 증언했고, 영도의 지도자들도 그 승리가 하나님의 개입임을 인정했다.

Bible College of Wales의 창시자이며 중보기도자의 아버지로 널리 알려진 리스 하월스(Rees Howells)는 독일군의 폭격이 계속되는 가운데 기도에 응답하시는 하나님을 굳게 믿으면서 학생들과 함께 영국의 승리를 위해 금식과 기도로 매달렸다. "전쟁은 하나님께 속한 것입니다"라고 제단에 목숨을 바치는 기도가 영국을 구원한 기적의 사건이 되었다.

Bible College of Wales는 1924년에 리스 하월스에 의해 스완지(Swansea)에 세워졌다. 그가 1950년 세상을 떠나면서 아들 사무웰 하월스(Samuel Howells)가 후계자로 2004년까지 섬기다가 2009년에는 재정난으로 학교가 문을 닫았다.

2012년 싱가포르의 Cornerstone Community Church(Ps. Yang Tuck Yoong)가 리스 하월스의 중보기도와 영적 유산을 전수받아 열방에 하나님의 나라가 확장되도록 교육하고 훈련하는 비전을 받고 부지를 구입했으며, 2015년에는 Bible College of Wales school of ministry라는 이름으로 개교하게 되었다.

웨일스에서 우리는 Yang 목사님을 개인적으로 만나게 되었고, 그의 권유로 2016년 봄학기에 남편과 함께 등록하였다. 20-30대의 젊은 학생들이 대부분인 가운데 우리 부부는 가장 연로한 성경학교 학생이 되었다. 3개월의 집중 코스로 월요일에서 금요일까지 매일 강의와 기도, 워십이 진행되었다.

아침 워십은 각 학생들이 돌아가면서 인도했다. 진도가 너무 빠른 강의와 매주 배운 내용을 정리해서 월요일마다 리포트를 제출하는 것이 무척 힘에 겨웠다. 주말에는 숙제하느라 쉴 틈도 없었다. 하지만 시간이 지나면서 요령이 생기고 조금씩 부담도 덜해졌다. 새로운 일에 대한 도전은 인내와 용기가 필요했다.

힘겨웠지만 우리는 무척 흥분되어 있었고 동료 학생들과 어울려 지내는 시간도 참 즐거웠다. 기도의 깊이와 친밀감은 평생을 두고 하나님과 동행하면서 성숙해가는 과정이지만 리스 하웰스가 세운 학교에서 그분의 기도의 영을 배우고 본받고 싶었다.

BCW with students

16.
웨일스 음악 선교의 열매 TMM

그들은 이런 말들을 남겼다.

"한국 음악가들은 토마스가 남긴 순교의 열매였다. 우리 웨일스 사람들의 마음을 깊이 터치해주었다."

"웨일스 대부흥의 영향으로 기독교를 받아들인 한국인들이 '새 노래'를 가지고 와서 부흥의 진원지였던 모리야 교회에서 새롭게 부흥의 불길을 붙여주었다."

"콘서트에서 하나님의 강렬한 임재를 경험하면서 나는 곧장 집으로 돌아와서 계속 그분의 임재 속에 빠져들었다."

우리 한국인은 웨일스의 복음에 빚진 자로서 웨일스를 마음껏 축복하고 새로운 노래를 그들에게 선사하였다. 노래를 잃어가는 이들의 입술에서 찬송이 다시 터져나오고 있었다.

2018년, '음악으로 복음을 전달하는 메신저'라는 뜻을 가지고 TMM 즉 "The Music Messengers"가 탄생했다. 자신을 향한 하나님의 계획과 삶의 목표를 발견하여 음악 선교의 비전을 받고 선교 현장에 나가는 음악인을 위한 제자훈련이다.

그해 6월 미국, 독일, 일본, 웨일스의 전문 음악가와 중보기도자가 웨일스에서 한자리에 모였다. 첼로, 피아노, 바이올린, 성악으로 소수의 인원이었으나 참으로 의미 있는 시간을 가졌다.

지난 5년간 만나서 사귄 웨일스의 현지 부흥 전도사, 영국 성공회 예술 담당 목사, 오페라 성악가를 초청하여 웨일스의 기독교 유산과 현지 상황을 보고 배웠다.

대부흥의 근원지인 모리야 교회, 토마스 선교사를 파송한 하노버 교회, 우리가 다니는 지역 교회 TyGwyn Community Church, 우리 동네의 명소 스트라디 캐슬(Stradey Castle), 리스 하월스가 설립한 Bible College of Wales와 어린 학생을 위한 콘서트 등 짧은 시간이었지만 음악을 듣는 지역인들의 마음에 큰 감동이 전달되고 있었다.

잊혀져가던 그들의 찬송가가 다시 살아나면서 하나님께서 웨일스에 부흥을 다시 일으키시기를 간절하게 기다리는 그들의 외침이 들리는 듯했다.

연주회가 끝나자 감동받은 자들이 손에 손을 잡고 서로를 위해 기도하는 모습이 곳곳에서 일어났다. 자신의 삶을 솔직히 나누면서 기도를 부탁하는 웨일스 현지인에게 우리 팀은 눈물로 그들을 위해 기도해 주었다.

어떤 분은 "찬송이 우리의 죽어가는 영을 새롭게 해주네요. 웨일스 사람이 한국에 복음을 전했지만 현재 시들어버린 우리의 상황이 부끄럽기만 합니다"라고 얘기했다. 휠체어에 앉아 있는 한 성도는 "분단되어 있는 한국의 통일을 위해 기도하고 있습니다"라고 했다. 마침 그때 싱가포르 정상회담에서 김정은과 트럼프 대통령이 만나고 있었다.

그들은 이런 말들을 남겼다.
"한국 음악가들은 토마스가 남긴 순교의 열매였다. 우리 웨일스 사람들의 마음을 깊이 터치해주었다."
"웨일스 대부흥의 영향으로 기독교를 받아들인 한국인들이 '새 노래'를 가지고 와서 부흥의 진원지였던 모리야 교회에서 새롭게 부흥의 불길을 붙여주었다."
"콘서트에서 하나님의 강렬한 임재를 경험하면서 나는 곧장 집으로 돌아와서 계속 그분의 임재 속에 빠져들었다."

중보기도로 동참한 자들도 새로운 도전을 받고 선교의 비전을 되찾았다는 간증으로 이어졌다. 아름다운 웨일스의 바다와 푸른 초장과 양 떼…. 참된 하나님의 휴식과 임재도 같이 누리는 꿈 같은 시간이었다.

우리 한국인은 웨일스의 복음에 빚진 자로서 웨일스를 마음껏 축복하고 새로운 노래를 그들에게 선사하였다. 노래를 잃어가는 이들의 입술에서 찬송이 다시 터져나오고 있었다.

우리는 이듬해인 2019년에도 웨일스에서 제2회 TMM을 하였다. 사람들은 또 언제 콘서트를 하느냐고 큰 기대를 내비쳤다. 음악은 민족, 국경과 언어를 넘어서 들어가지 못하는 곳이 없는 강력한 복음전도 툴이다. 복음에 빚진 자로서 우리는 세계 곳곳에 받은 것을 전하고 나누어주는 일을 계속 해야 할 것이다.

다음은 TMM에 함께한 이들의 글이다. 이 분들을 통해 TMM의 비전과 소명을 볼 수 있다.

1) TMM 피아니스트 이소명

김애자 선생님과의 특별한 만남과 현재까지의 시간들을 돌아보자면 '연도'를 짚어가며 이야기할 수밖에 없다. 오랜 기간 동안 이어진 놀라운 인도하심이 있었기 때문이다.

1997년, 고등학교 2학년이었던 나는 미국 생활의 시작과 함께 피아노 선생님을 찾던 중에 지인으로부터 김애자 선생님을 소개받았다. 지인은 라디오 기독교방송에서 선생님의 인터뷰를 듣고 감동을 받았다고 했다. 아쉽게도 선생님과 만난 지 얼마 되지 않아 이사를 하게 된 터라 실제로 선생님과의 레슨은 그리 길지 못했지만 아주 특별한 배움의 시간이었다.

2008년, 한국으로 돌아와 있던 나는 친구의 초청으로 한 교회의 음악회에 갔다. 그런데 그 음악회의 연주자가 선생님이셨고, 10년이라는 시간을 지나 하나님께서 다시 이렇게 선생님을 만나게 하셨음에 감사했다. 당시 선생님은 미국에서의 보장된 안락한 생활을 정리하고, 피아노로 하나님을 전하는 찬양 연주 사역자가 되어 계셨다.

2012년 어느 날, 선생님은 이제야 조금 적응되었을 한국 생활을 또다시 정리하고 웨일스로 떠난다고 말씀하셨다. 웨일스는 조선 땅을 밟지도 못하고 순교했던 토마스 선교사를 파송한 나라이기에 한국교회가 큰 사랑의 빚을 진 곳이다. 놀라운 신앙의 유산이 있는 곳, 대부흥의 역사가 있었던 곳이었지만 이제는 반대로 선교지가 된 그곳으로 선생님은 다시 믿음의 여정을 내딛고 계셨다. 그렇게 하나님의 부르심을 따라 떠나시는 선생님은 마치 젊은 다윗의 모습과도 같이 생기가 넘쳐 보였다.

2018년, 웨일스에 계시던 선생님으로부터 연락이 왔다. 한국에 계실 때부터 입버릇처럼 말씀하셨던 '찬양 연주자의 다음 세대를 세우는 사명'을 이제 감당하고자 한다고 하시며 'TMM(The Music Messengers)'의 비전을 구체적으로 제시하셨다.

하지만 솔직히 선뜻 그 사역에 동참하겠다고 말씀드릴 수가 없었다. 당시 나는 일본에 파송받은 3년차 선교사였고 여러 가지 이유들로 많이 지쳐 있던 상태였기 때문이다. 협력하고 있던 일본 교회 안에서의 예상치 못했던 어려움들과 타국에서의 육아로 인해 말 그대로 영과 육이 바닥을 치고 있었던 나는 TMM에 합류하는 것이 무리라고 생각했다.

하지만 하나님께서는 서서히 내 관점을 바꾸어 TMM을 통해 마음이 쉼을 얻고 영적으로도 회복되는 계기가 될 것이라는 기대로 채워주셨다. 그렇게 참석한 TMM 사역은 역시나 특별한 은혜의 시간이었고, 코로나 팬데믹으로 3년간 사역이 멈추기 전까지 2년 연속으로 웨일스 땅을 밟게 하셨다.

사실 나는 오랜 시간 동안 찬양을 연주하는 것에 대해 복잡한 생각과 고민이 있었다. 연주를 통해 하나님께 영광을 돌리고 싶으나, 마음 깊은 곳에는 나를 드러내고 싶은 욕망이 여전히 크게 자리하고 있는 모습을 발견했고, 순수하게 하나님의 영광을 위해 연주하는 것이 얼마나 어려운지 철저히 직면하게 되었다.

2024년, 선생님으로부터 TMM을 재개한다는 연락을 받았지만, 여전히 나는 앞선 고민들을 이어가고 있었다. 그래서 TMM의 새출발이 반가움과 동시에 두려움으로 다가왔다. 하지만 하나님께서는 강권적으로 오랫동안 나를 짓눌렀던 어떤 견고한 기준을 내려놓게 하셨다. '은혜'라는 단어 말고는 그 해방감을 제대로 설명할 수 없었다.

그 이후의 연주 시간들에서 나는 나의 어떠함과 관계없이 역사하시는 하나님을 깊이 만나기 시작했다. 모든 연주들이 특별했지만, 특히 찬송가를 연주할 때에는 이미 각 곡에 담겨 있는 신앙고백의 힘을 강하게 경험할 수 있게 하심에 감사했다.

2024년 6월, 웨일스에 도착한 바로 다음 날, 모리야 채플에서의 콘서트는 그 은혜의 정점이었다. 스케줄 상 사전 리허설도 없이 진행된 콘서트였지만 연주자들 모두 특별한 하나님의 임재와 인도하심을 느꼈다. 그리고 모두 한마음으로 연주를 통해 예배드리는 것에 감격했다. 나 또한 이전에는 느끼지 못했던 자유함 가운데 마음껏 피아노로 하나님을 찬양할 수 있어서 너무 행복했다.

사실 일본에서 웨일스로 가는 여정은 만만치 않았다. 일본 공항에서 무려 세 번의 비행 취소와 심한 기침으로 인한 갈비뼈 골절 등 본격적인 사역을 시작도 하기 전에 겹겹이 문제가 쌓여왔던 터라 에너지가 바닥이 났다. 하지만 그 모든 것은 전혀 문제가 되지 않았다. 주의 영이 계신 곳에 자유함과 회복이 있음을 확인하고 또 확인하는 시간이었다.

그렇게 순풍에 돛 단 듯 이어진 2024년의 TMM 웨일스 일정을 마쳐갈 무렵, 하나님께서는 일본 선교사인 나에게 일본 TMM 사역을 꿈꾸게 하셨다. 그저 막연한 기대감일 수 있었으나 상상만 해도 가슴이 뜨거워졌다. 그리고 얼마 지나지 않아 하나님께서는 그 상상을 바로 현실로 바꾸어주셨다.

바로 지난 달! 놀랍게도 선생님은 갑자기 일본에서의 여정을 말씀하셨다. 우연치 않게 일본으로 초청을 받으셨다는 것이다. 선생님과의 대화 가운데 TMM의 지경을 일본까지 넓혀가려 하시는 하나님의 인도하심을 강하게 느낄 수 있었고, 그 부르심의 자리에 순종하는 선생님의 모습에 감동과 도전이 되었다.

지금 이 글을 쓰는 시점은 2024년 8월 말이다. 일본은 워낙 지진이 잦은 나라이지만, 일본 정부가 나서서 곧 다가올 수 있는 강한 지진에 대해 경고할 정도로, 최근 한 달 사이의 일본 땅은 지진에 대한 염려로 가득 차 있다. 선생님께서는 이미 LA에서 큰 지진을 겪으셨기에 트라우마도 있으실 것이고, 남편 선교사님의 건강 이슈 등으로 실제적인 고민이 충분히 있으실 수 있다는 생각이 들었다. 누구라도 현재 시점에서 굳이 일본으로 가서 연주하겠다고 나설 이유는 없을 것이다. 충분히 상황을 주시하고 다음으로 연기해도 될 일이다. 하지만 기도 끝에 선생님께서는 이런 문자를 보내셨다.

"오늘 새벽 기도 가운데, 10월 나고야에서의 TMM 전도 콘서트를 결정했어! 군인은 자신의 일에 얽매이지 않고 부르신 자의 뜻을 따라가야 한다(딤후 2:4)고 하시네."

어쩌면 이제는 그냥 편하게 지내셔도 될 연세에, 어려움이 뻔히 보이는 부담스러운 여정에 말씀에 순종하시는 선생님의 모습에 여호수아가 떠올랐다. 그리고 나도 선생님과 같은 나이가 되었을 때에 그렇게 살아갔으면 좋겠다고 생각하고 또 생각했다.

고등학생 시절에 아침 일찍 레슨을 받으러 선생님 댁에 간 적이 있다. 그때 아침 큐티를 마치고 성경책과 노트를 가지고 나오시던 선생님의 모습을 지금도 선명하게 기억한다. 이번에 하나님과 동행해 오신 선생님의 걸음이 책으로 출판되어 참 감사하다. 책을 통해 선생님을 인도하셨던 하나님을 모두가 세밀하게 만나게 되길 기대하고 기도한다.

2) TMM 피아니스트 노유진

저는 미숙아로 태어나 인큐베이터에 머물던 중 산소 과다로 두 눈을 실명하였습니다. 얼핏 세상 사람들이 불행이라고 여길 수도 있는 이 일을 주님은 오히려 가족들이 구원에 이르는 통로로 사용하셨고, 그 덕분에 저는 신앙생활을 하는 부모님 아래에서 자랄 수 있었습니다. 자연스럽게 예배하고 기도하는 분위기가 익숙한 환경에서 성장했지만 주님과의 인격적인 교제는 제가 미국에 살면서 시작되었습니다.

열세 살 어린 나이에 낯선 교육 환경과 문화에 적응하느라 부딪히는 어려움들 속에서 하나님을 간절히 찾지 않을 수 없었습니다. 갈급한 심령으로 나아갈 때 십자가와 부활의 복음은 저에게 사막에서 발견하는 오아시스로 다가왔습니다. 예배의 감격이 무엇인지 깨닫게 하시고, 필요한 것들을 구할 때마다 기도에 응답하심으로 믿음이 성장하게 해주셨습니다.

주님을 새롭게 영접한 후에 하나님 은혜를 사모하는 마음으로 나아갔을 때 주님은 저에게 피아노를 배우고픈 소망을 주셨습니다. 기도하면서 나아갈 방향을 구할 때 주님께서는 놀랍게도 김애자 선교사님을 첫 선생님으로 만나게 해주셨습니다.

다른 사람들보다 늦게 시작했기 때문에 느끼는 한계도 있었지만 선교사님이 쏟아주신 열정과 사랑 덕분에 음악에 재미를 느끼며 성장하게 하셨고, 제가 감히 생각하지도 못한 Boston New England Conservatory라는 학교에서 학부와 대학원 과정까지 마칠 수 있게 하셨습니다. 음악을 연마하면서 포기하고 싶은 순간들도 찾아왔지만 그때마다 하나님께서는 말씀을 통해서 힘을 부어주시고, Michigan State University에서 박사 과정을 하도록 허락하셨습니다.

미시간(Michigan)에 머물면서 예상치 못한 팬데믹이 찾아왔을 때 저는 교수님의 권유로 정안인들이 볼 수 있는 악보가 어떻게 생겼는지 배울 기회를 갖게 되었습니다. 점자 악보와 너무나 다른 묵자 악보의 형태를 손으로 만져보면서 이 두 매체들 간의 차이점을 좁힐 수 있고, 장애인들과 비장애인 음악인들이 공유할 수 있는 자료가 절실히 필요함을 깨달았습니다. 장애인들을 위한 교육 자료를 개발하는 것이 주님께서 저에게 허락하신 또 다른 부르심이라 여겨졌습니다.

기도하면서 함께 협력할 사람들을 찾을 때 주님께서는 Michigan State University의 engineering team과 힘을 합쳐서 3D 음표들과 소리 나는 오선지를 만들도록 이끄셨습니다. 많은 시각장애인들에게 유익을 주는 자료가 되기를 기도하며 보급하고 있습니다.

주님께서는 지난 6월에 김애자 선교사님과 함께 The Music Messenger에 참가하여 웨일스에서 연주하며 간증하도록 허락하셨습니다. 낮은 마음으로 연주하며 진솔하게 삶을 나눌 때 하나님께서 일하셔서 사람들의 마음이 하나 되는 것을 보게 하심이 놀라웠습니다. 함께 연주하는 음악인들이 서로 낯설 수 있는데도 마치 오래전부터 호흡을 맞춘 것처럼 하나가 되어 기쁨으로 음악이 만들어지는 경험을 하며 부인할 수 없는 주님의 임재를 느꼈습니다. 아름답게 일하시는 주님의 손길을 통해 저로 하여금 음악을 하게 하신 목적이 무엇인지 더 확실히 깨닫는 뜻깊은 시간이었습니다. 하나님께서 저에게 허락하신 놀라운 선물인 음악을 통해 잃어버린 영혼들에게 예수님의 생명과 사랑이 전해져서 그분의 나라가 확장되기를 기도합니다.

3) TMM 바이올리니스트 김자현

처음 웨일스에 가기 위해 비행기에 몸을 싣고 마음에 차올랐던 기대를 되새겨본다. 이 여정 가운데 펼쳐질 새로움과 놀라움은 무엇이었을까. TMM에 바이올리니스트가 필요하다는 것과 웨일스가 회복과 쉼을 주고 부흥의 역사가 길어 신앙의 유업이 있는 땅이라는 친구 소명이의 설명만으로도 큰 망설임 없이 나선 길이었다. 토마스 선교사가 파송되었던 하노버 교회를 방문하고 연주하면서도 가늠하지 못했던 선교의 무게는, 팬데믹으로 인해 모두에게 잃어버리게 된 시간과 더해진 몇 년을 지나고 나서야 비로소 느껴지기 시작했다.

다시 찾은 웨일스는 "바다같이 광대한 사랑이 여기 있네"라는 가사로 시작하는 찬양을 부르며 부흥을 경험한 믿음의 선조들의 눈물이 서려 있는 곳이었고 여전히 은혜의 물결이 요동치고 있는 곳이었다.

인구 수보다도 양의 마리 수가 더 많을 것이라는, 얼핏 보기에도 조용하고 평화로운 시골 골짜기에서 그 오래전 어떻게 지구 반대편 알지 못하는 곳에 가기로 결심했을까. 도대체 무엇이 조선 땅을 제대로 밟아보기도 전에 배척당하고 순교로 마감된 여정을 감행하게 만들었을까.

타지에서 아내를 먼저 떠나보내고 젊음을 채 꽃 피우기도 전에 생을 마감할 수 밖에 없었던, 어쩌면 '허비'라는 개념을 떠올리게 하는 선교사의 이야기가 내 마음을 사로잡은 게 이번이 처음은 아니었다. 다만 이전에 미처 깨닫지 못하고 받아들이지 못했던 주님의 사랑이 훨씬 강도 있게 다가왔다고 해야 할까.

몇 해 전에 주님께서 주셨던 감동에 대한 반응으로 드렸던 고백이 생각났다. "단 한 명을 위해서라도 주님께서 가라 하시면 그 어디에라도 가겠습니다.' 당시로서는 선명했던 마음이었지만 매사에 효율성을 따지고 다분히 계산적인 나로서는 여전히 의구심이 드는 부분이 있었다. 주님의 사랑은 늘 측량할 수 없고 넘치는 사랑인데도 정작 그 사랑을 받아들이는 내가 종지 같은 탓에 주님의 사랑이 딱 그만큼인가 싶었나 보다.

진정한 사랑의 깊이와 너비를 경험한 사람들, 아낌없는 사랑을 받았노라 고백할 줄 아는 사람들이 지속해온 선교라는 이름의 행위가 있었기에 지금 내가 웨일스에 와 있을 수 있는 것임을, TMM과 함께 하고 있음을 보게 되었다. 어쩌면 사랑은 낭비하는 것이고 허비하는 것임에는 세상 사람들도 쉽게 동의할 것이다. 조금 더 나아가서 사랑이 때때로 겁나게 하고 가혹하기까지 하다는 누군가의 표현을 빌려야 할 것 같다.

우리가 믿는 하나님의 사랑이 그러하다고 믿는다. 겁나게 하고 가혹하기까지도 한 그 사랑 앞에서 예전의 고백을 다시 꺼내본다. 모든 것을 아끼지 않으시고 나를 속량하신 주님께 드릴 것은 그분의 소유 된 바로 나 자신이기에, 주님의 마음이 머무는 곳에 마땅히 내가 있어야 함을 알았노라고.

TMM Concert at Stradey Castle in Llanelli Wales

Part 3

구별된 숙명

17. 평양에 온 서양 음악 선교사, 마두원
18. 나의 선생 마두원
19. 첫 피아노 선생님
20. 방지일 목사님
21. 홍천
22. 마두원을 아시나요?
23. 레코딩 시작
24. In Memory of Dwight R. Malsbary, 말스베리를 기억하며

🎵

70대 중반이 되어 인생을 돌아보니, 하나님께서 내 삶을 어떻게 구별하고 인도하셨는지 더욱 분명하게 느껴진다. 영창피아노 집의 딸로 태어나서 어린 시절부터 인생의 중요한 순간마다 하나님께서 미리 정하신 길을 따라 걷고 있다는 것을 깨닫는다. 특히 나의 자아를 내려놓고 순종할 때 깊은 깨달음으로 다가온다.

"내가 너를 모태에 짓기 전에 너를 알았고"(렘 1:5).

이 말씀처럼, 하나님은 나를 이 세상에 보내시기 전부터 이미 나를 아시고 계획하셨다. 성경은 일점일획도 틀림이 없다.

나는 서양인 최초의 한국 음악 선교사였던 마두원 선생님께 피아노를 배웠다. 마두원 선생님은 내 아버지의 피아노 스승이기도 했다. 이 모든 과정 속에서 나를 위한 특별한 계획을 가지고 계셨음을 깨달았다. 나를 찬송가를 연주하는 피아니스트이자 음악 선교사로 세우셨고, 나는 그 길을 따라 살아내고 있다.

러시아에서 사명을 받아들였고, 영국 웨일스에서 음악을 통한 복음의 확장과 부흥의 능력을 체험하면서 TMM이 창립되었다. 지금은 전 세계를 다니며 찬송가 연주를 통해 세상을 치유하고, 간증을 통해 복음을 전하는 비전을 따라 TMM으로서 팀으로 사역하고 있다.

지금 이 순간, 내 인생의 여정을 돌아보며, 하나님의 손길이 나를 이끌어 오셨음을 깊이 느낀다. 하나님께서 내게 주신 이 사명을 통해, 나는 오직 그분의 영광을 위해 살아왔고, 앞으로도 '가서 제자 삼으라'는 말씀을 따라 예수 그리스도를 닮아가는 삶을 살아갈 것이다.

17.
평양에 온 서양 음악 선교사, 마두원

6.25전쟁 후 한동일, 백건우도 말스베리의 제자가 되었다.

말스베리는 아내 플린과 함께 연주회를 통해 한국인에게 클래식을 소개하였고, 숭실 밴드를 조직하여 한국과 만주까지 순회공연을 하였다. 내 아버지가 밴드에서 클라리넷 주자로 함께 연주한 사진도 있다.

놀라운 사실은 마두원 선생님은 미국에서 밴드 악기들을 컨테이너에 실어 배로 한국까지 운반했다는 것이다. 한국 땅에 음악 교육을 심고자 하는 그의 열정과 의지는 대단하였다.

일본의 식민 지배가 점차 강포해지고 신사참배가 강요되자 1936년 평양 숭실대를 사임하고 집에서 학생들과 기도회를 가졌다. 바로 이곳에서 기도했던 학생들이 훗날 한국 기독교의 지도자가 된 방지일, 박윤선, 강태국 등이었다.

1940년 강제 출국을 당하면서 캐나다 Prairie Bible Institute에서 음악 교수를 역임하다가 한국 해방 후 1948년에 다시 돌아온 이래 1977년 강원도에서 불의의 자동차 사고로 별세할 때까지 한국에서 자신의 삶을 바쳤다.

아버지와 나는 말스베리(Malsbary) 선생님과 두 세대를 걸쳐 아주 특별한 인연을 맺고 있다. 1930년대 평양에서 말스베리를 만난 아버지는 그의 피아노 연주에 반하여 그에게 피아노를 사사하였다. 또한 일본으로 유학하여 쇼팽(Chopin)의 대가로 유명한 프랑스 피아니스트 알프레드 꼬르토(Alfred Cortot)의 제자인 타꾸 고지 교수에게 사사하였다.

내가 어릴 때 쇼팽이 즐겨 쳤던 플레이엘(Pleyel) 피아노가 우리 집 거실에 있었고, 알프레드 꼬르토가 편집한 쇼팽 곡 악보 전집도 있었다. 반세기가 지난 지금 낡은 그 악보들은 내가 지난 수십 년 동안 연습하고 공부한 흔적이 남은 귀중한 유산이다. 아버지는 결혼 후 악기를 수입하는 무역을 하였는데 그것이 영창피아노의 전신이 되었다.

1899년 캘리포니아에서 태어난 말스베리는 시카고에서 셔우드 음악학교(Sherwood Music School)를 졸업하고 교사와 연주 생활을 하였다. 어느 날 그가 다니던 시카고의 시세로성경교회(William MacCrell 목사 시무)에 평양 숭실전문대의 학장인 클라크(Charles Clark) 선교사가 방문하여 설교를 했는데 그때 "지금 평양은 음악 교사가 시급하게 필요합니다"라는 말씀을 들었다. 그는 즉시 하나님의 부르심으로 믿으며 "30세에 음악 선교사로 나가자"라고 헌신하였고, 한 사람이 한 나라를 변화시킬 수 있다는 신념으로 서양 음악의 불모지인 척박한 한국으로 왔다.

그 당시 시세로교회에서만 파송된 선교사가 140여 명에 이른다고 했다. 그들은 대부분 전문직을 가진 엘리트였다. 말스베리는 1929년 피아니스트인 아내 폴린(Pauline)과 두 살 난 아들과 함께 평양에 도착하였다. 그가 평양 숭실대에서 음악을 가르치면서 김동진, 박태준, 채리숙 등 한국 초기의 음악가들이 배출되었다. 마두원의 제자로 그에게서 많은 영향을 받은 작곡가 김동진의 가곡 "가고파"는 한국의 고유한 음악과 서양 음악을 잘 접목시킨 작품으로 알려진다. 6.25 전쟁 후 한동일, 백건우도 말스베리의 제자가 되었다.

말스베리는 아내 폴린과 함께 연주회를 통해 한국인에게 클래식을 소개하였고, 숭실밴드를 조직하여 한국과 만주까지 순회공연을 하였다. 아버지가 밴드에서 클라리넷 주자로 함께 연주한 사진도 있다.

놀라운 사실은 갈스베리가 미국에서 밴드 악기들을 컨테이너에 실어 배로 한국까지 운반했다는 것이다. 한국 땅에 음악 교육을 심고자 하는 그의 열정과 의지는 대단하였다.

일본의 식민 지배가 점차 강포해지고 신사참배가 강요되자

1936년 평양 숭실대를 사임하고 집에서 학생들과 기도회를 가졌다. 바로 이곳에서 기도했던 학생들이 훗날 한국 기독교의 지도자가 된 방지일, 박윤선, 강태국 등이었다.

1940년 강제 출국을 당하면서 캐나다 Prairie Bible Institute에서 음악 교수를 역임하다가 한국 해방 후 1948년에 다시 돌아온 이래 1977년 강원도에서 불의의 자동차 사고로 별세할 때까지 한국에서 자신의 삶을 바쳤다.

달고 오묘한 그 말씀

숭실밴드

18.
나의 선생 마두원

1960년대, 중고등학교 시절 말스베리에게 피아노를 배울 당시, 선생님은 자신의 찬송 피아노 편곡집 두 권을 나에게 선물로 주셨다. 2017년, 거의 반세기가 지난 후에야 그 음악이 얼마나 귀한 유산인지를 깨닫게 되었다. 많은 사랑을 받은 저자가 늦게서야 거듭나 하나님의 자녀가 되면서 스승의 보화 같은 음악을 후세에 남기는 일이 나에게 주어진 사명이며 선물길을 알았다.

말스베리는 나에게 꼭 자상하고 인자한 아버지 같았다. 추운 겨울에 레슨을 받으러 댁으로 가면, 세면대에 따뜻한 물을 부어주며 손을 녹여주시기도 했다해방된 한국에서 마두원은 1948년부터 1955년까지 KBS의 전신인 중앙방송국에서 매주 "피아노 연주와 함께하는 종교의 시간"(Piano Playing at the Religious) 방송을 진행하였는데, 이때 40편의 찬송 편곡들이 쓰였고 그의 연주가 방송되었다.

현재 33편의 찬송곡을 담은 두 권의 악보가 남아 있고, 그중 17곡을 내가 녹음하여 "In Memory of Dwight R. Malsbary"라는 CD로 2010년 출반하였다.

일본의 압제와 전쟁으로 곤고함을 뼈저리게 느낀 1900년대에 이 찬송들은 우리 민족에게 위로와 소망이 되어주었다. 이렇게 찬송가로 들어온 서양 음악이 지금 우리나라 클래식 음악의 주춧돌이 되었다. 찬송가들은 영국과 미국에서 영적 부흥이 일어날 때 지어지고 불려진 노래이기에 수백 년이 지난 지금도 깊은 영적 감동을 준다.

6.25전쟁 직후 피난 시절 말스베리는 부산에서 포로수용소를 다니며 작은 이동식 오르간으로 찬송을 연주하고 복음을 전하며 위로하였다. 길에서 추위에 떠는 자에게는 입고 있는 외투까지 벗어주기도 하였다.

1960년대, 중고등학교 시절 말스베리에게 피아노를 배울 당시, 선생님은 자신의 찬송 피아노 편곡집 두 권을 나에게 선물로 주셨다. 2010년, 거의 반세기가 지난 후에야 그 음악이 얼마나 귀한 유산인지를 깨닫게 되었다. 많은 사랑을 받은 제자가 늦게서야 거듭나 하나님의 자녀가 되면서 스승의 보화 같은 음악을 후세에 남기는 일이 나에게 주어진 사명이며 선물임을 알았다.

말스베리는 나에게 꼭 자상하고 인자한 아버지 같았다. 추운 겨울에 레슨을 받으러 댁으로 가면 세면대에 따뜻한 물을 부어주며 손을 녹여주시기도 했다. 레슨이 끝나고 저녁 식사 시간이 되면 근사한 서양 요리로 같이 식사도 했는데 그 옛날에는 구경도 못하던 서양 요리인 로스트 비프나 후식으로 구운 사과 등을 맛있게 먹었던 기억이 수십 년이 지난 지금도 생생하다. 생각하면 폴린 여사의 음식 솜씨가 매우 훌륭했던 것 같다.

내가 협주곡을 배울 때는 종종 폴린 여사가 오케스트라 파트를 반주해 주었다. 밤이 늦어지면 선교사님 댁에서 일을 거들어주는 도우미에게 흑석동 자택에서 혜화동 우리 집까지 차를 태워서 안전하게 가도록 배려해주셨다. 여름방학에는 음악이론, 화성법, 대위법 등을 특별히 지도해 주셨다.

세월이 훌쩍 지난 지금 선교사님 생각이 많이 난다. 나도 모르는 사이에 선생님의 발자취를 따라가는 나 자신을 보며 전혀 계획하지 않았던 음악 선교사로 인도받은 것이 너무나 놀랍다. 내가 세상을 떠날 때, 천국에서 나를 반갑게 맞이해주실 말스베리 선교사의 웃는 얼굴이 눈에 선하게 보이는 듯하다.

마두원
(Dwight R. Malsbary, 1899-1977)

19.
첫 피아노 선생님

한국 근대사에 서양 음악이 들어오게 된 경위를 비롯해, 마두원 목사가 한국 근대 음악에 끼친 영향, 선교의 공헌, 행적 등을 역사적으로 살펴보는 일을 시작하기로 했다. 먼저 마두원을 알고 지낸 분들을 찾기 시작했다.

마두원의 찬송 편곡을 녹음하여 스승의 유작을 후세에 남기고자 음반 제작을 목표로 삼았다. 그런데 함철훈 사진작가와 이야기를 나누면서 음악의 역사와 함께 한국의 선교 역사까지 담는 커다란 그림을 그리라는 도전을 받게 되었다.

한국 근대사에 서양 음악이 들어오게 된 경위를 비롯하, 마두원 목사가 한국 근대 음악에 끼친 영향, 선교의 공헌, 행적 등을 역사적으로 살펴보는 일을 시작하기로 했다. 먼저 마두원을 알고 지낸 분들을 찾기 시작했다. 그러나 아버지를 비롯하여 많은 분들이 이미 세상을 떠나신 것이 정말 아쉬웠다. '좀 미리 이 작업을 했더라면…' 하는 안타까움도 있었지만 모든 것이 깨달아지는 하나님의 때가 있는 것 같다.

첫 프로젝트로 박현숙 선생님을 찾아갔다. 내가 유치원에 가기 전부터 나에게 피아노를 가르친 첫 선생님인데, 6.25전쟁 전후로 마목사의 양딸이 되어 그와 많은 시간을 같이 보낸 분이다.

박 선생님은 내가 동경 유학 시절 일본에 살고 계셨다. 그 후 40여 년이 지나서 다시 서울에서 만났는데, 살고 계시는 연희동 4층 아파트까지 계단으로 걸어다니면서 건강을 단련하고 계셨다. 말스베리의 찬송 편곡을 녹음한다고 찾아뵈었더니 너무나 반가워하며 흥분해 계셨다. 자신이 그 곡들을 친히 베껴서 쓰고 방송 시간에 연주를 직접 들은 터라 그분에게 무척 친숙한 곡들이었다. 말스베리가 이 곡들을 연습하는 과정도 지켜보신 분이었다.

유복했던 박 선생님의 친가에는 부산 피난 시절에도 야마하 피아노가 있었는데 말스베리 선교사는 그 피아노로 종종 연습하곤 했다. 박 선생님은 말스베리 선교사가 매주 KBS 방송 녹음을 할 때 늘 그의 옆에 있었고, 말스베리의 찬송 편곡의 자필 원고를 손으로 프린트한 것같이 꼼꼼히 베껴서 정리하셨다. 후에 1952년에 캐나다 Prarie Bible Institute에서 악보로 출판되었고, 1966년에 4판이 인쇄된 것으로 알고 있다.

옛이야기를 하면서 선생님이자 아버지와 같은 마 목사에게 많은 빚을 진 듯 그분의 기대에 미치지 못한 자신의 삶에 대한 미련을 보이셨다. 박 선생님은 마 목사의 주선으로 미국 유학을 계획했으나 이루지 못한 아쉬움이 있었다.

　박 선생님은 마 목사 환갑에 한복을 지어 드렸다. 그 당시 유명했던 서울의 허바허바 사진관에서 두 내외가 한복을 입고 찍은 기념사진도 있다. 마 목사와 지냈던 옛 시간을 마치 어제 일과 같이 우리에게 들려주면서 그때를 상기하는 얼굴에 행복과 생기가 넘쳐났다.

　피난 시절 마 목사의 선교 베이스였던 부산 대신동 집, 그리고 그분의 묘지인 일산 기독교 묘지에 시간을 내어 방문하기로 하였다. 저녁에 박 선생님에게 전화가 왔는데 대신동 집은 벌써 헐린 지가 오래되었다고 한다.

박현숙

한복 입은 마두원 목사와 폴린 사모

20.
방지일 목사님

내가 기도 제목을 얘기하면 마두원 선생은 성경을 펴서 같이 읽고 기도하였는데, 그 진지함이 비길 데가 없었다. 어떻게 그럴게도 꼭 주시는 말씀을 찾아내는지 감탄사가 나왔다. 우리 둘은 거의 매일 새벽에 같이 기도했는데 우리만 이렇게 할 수는 없다고 생각하여 다른 기도 동지들도 마 선생의 집에서 기도하게 되면서 한 그룹이 생기기도 했다.

어느 아침에는 잠옷 차림으로 문을 열어주었다. '오늘 아침 성경의 어디를 보셨소?' 하고 물으니 '에베소서를 열여섯 번 읽었소이다' 하는 것이었다. 아침에 이미 성경을 96장 읽은 셈이었다.

나는 그의 진실하고 진지함에 푹 빠졌다. 나는 마두원 선생과 가로(길) 전도도 많이 했다. "오늘 내가 길에서 만난 사람에게 전도하지 않았다면 이후 주님 낯을 보기 미안하지 않겠느냐"라고 하셨다. 우리는 매일 거리에 나가서 많은 사람에게 전도를 했다.

김포 근처 노인 아파트에 사시는 방지일 목사님을 찾아 뵈었다. 반가이 맞아주시며, 젊은 시절에 평양에서 말스베리 선교사와 함께 지낸 이야기를 들려 주셨다. 100세의 노령임에도 불구하고 방 목사님은 쩌렁쩌렁한 목소리로 80여 년이 지난 일들을 마치 어제 일인 것같이 생생하게 전해 주시는데 그 기억력과 열정이 너무나 놀라웠다. 방 목사님은 청렴 결백하고 겸손하시고 검소하게 일생을 사신 분이셨다.

숭실 전문대 영문과를 나오신 방 목사님은 미국에서 갓 평양에 도착한 말스베리의 통역으로 매일 만나면서 아주 가깝게 지내셨다고 한다.

말스베리를 기억하며 "말스베리(마두원)와 나의 관계"라는 제목으로 아래와 같이 회상의 글을 써 주셨다.

"나는 숭실전문 학창 시절에 〈겨자씨〉라는 월간지를 발행하면서 7 도할 일이 있으면 마두원 선생의 집으로 가곤 했다. 내가 기도 제목을 얘기하면 마두원 선생은 성경을 펴서 같이 읽고 기도하였는데, 그 진지함이 비길 데가 없었다. 어떻게 그렇게도 꼭 주시는 말씀을 찾아내는지 감탄사가 나왔다.
우리 둘은 거의 매일 새벽에 같이 기도했는데 이렇게 우리만 할 수는 없다고 생각하여 다른 기도 동지들도 마 선생의 집에서 기도하게 되면서 한 그룹이 생기기도 했다.
어느 아침에는 좀 옷 차림으로 문을 열어주었다. '오늘 아침 성경의 어디를 보셨소?' 하고 물으니 '에베소서를 열여섯 번 읽었소이다' 하는 것이었다. 아침에 이미 성경을 96장 읽은 셈이었다. 나는 그의 진실하고 진지함에 푹 빠졌다. 나는 마두원 선생과 가로(길) 전도도 많이 했다. "오늘 내가 길에서 만난 사람에게 전도하지 않았다면 이후 주님의 낯을 보기 미안하지 않겠느냐"라고 하셨다. 우리는 매일 거리에 나가서 많은 사람에게 전도를 하였다.

방학 때가 되면 때로 먼 농촌으로 가서 교회에서 집회도 하고 며칠간 촌집에 유하기도 하였다. 마두원 선생은 숭실대 관현악단을 인솔하여 전국 순회를 할 때에도 꼭 기도하고 시작했다. 한 번은 화음이 어울리지 않자, 휴식 시간에 전원에게 기도가 부족했다고 자복하고 기도하고 다시 시작했다고 한다. 그는 참 기도꾼이었다.

우리 '겨자씨' 사에서 그가 편곡한 악보를 출판하여 평양 성가대에 배포한 일도 있었다. 거의 80년 전 일인데 어딘가에서 그 책이 발견되면 좋겠다.

나는 신학교를 졸업하고 중국 선교사로 떠난 후 중국에서 21년간 다섯 번의 정변을 당했다. 1957년 중국에서 추방되어 한국에 돌아오니 마두원은 목사 안수를 받고 선교사로 한국에 파송되어 신학교도 세우고 활발한 사역을 하고 있었다. 그러나 1977년 강원도에서 교통사고로 별세했을 때 나는 선생의 장례식에서 추모사로 그를 보내야 했다. 선생 묘소는 우리 기독교 묘원에 있다."

방 목사님은 나에게 이번에 녹음하는 마두원 작품의 연주에 선생의 정직한 정신과 영이 잘 표현될 것을 기대한다고 하셨다. 그 후로 몇 번 더 방 목사님을 만나뵐 기회가 있었다. 한번은 연락이 와서 찾아갔더니, 자동차에 태워 한참을 달려 가장 맛있는 북경 오리 (Peking Duck) 요리 집에 데려가셨다. 자신은 별로 드시지도 못하면서, 이렇게 특별 요리로 사랑을 베풀어주셨다.

얼마 후 시카고에서 열린 선교대회에서 잠깐 뵌 것이 마지막이었다. 우리의 모범이 되신 귀한 어른이 이제는 우리 옆에 계시지 않는 것이 참으로 아쉽다.

방지일 목사(앞줄 중앙, 오른쪽 마두원) 중국 파송

21.
홍천

마두원은 강원도에서 교회 개척뿐만 아니라 병원도 세웠다. 두촌에는 마 목사가 기거하던 집과 제이드(Jade) 병원 자리가 빈터로 남아 있었다. 오랜 세월 방치되어 있었으나 나무도 많고 마당에는 우물도 있어 참 좋아 보이는 곳이었다.

명성 있는 기관이나 큰 교회를 세우기보다는 가난하고 소외된 자들에게 복음을 전하면서 몸소 생활로써 섬김을 실천한 마두원의 깨끗한 영을 감지하면서, 이것이 그분의 선교의 핵심임을 알게 되었다.

말스베리가 생전에 사역하시던 현장인 강원도 홍천, 두촌을 찾아갔다. 주말이라 영동선 버스는 많이 밀려서 보통 1시간이면 갔을 텐데 훨씬 오래 걸렸다. 그곳에서 마 목사의 제자인 홍천 희망교회

김광섭 목사님의 환영을 받았다. 마 목사가 세웠던 교회 자리에 김 목사는 논을 팔아 교회를 세웠다고 한다. 지금은 1천여 명이 모이는 큰 예배당이 되었다.

주일 아침 예배와 오후에 콘서트로 연주한 후, 김 목사님의 인도를 받아 근처 마을마다 말스베리가 개척했던 작은 예배당들을 둘러보았다. 마 목사는 교회가 없는 곳에만 예배당 세우는 것을 철칙으로 삼았다고 한다.

김 목사는 원동리라는 농촌에서 말스베리의 전도로 처음 교회 주일학교에 갔다고 한다. 원동리에서만 김 목사를 비롯해 아홉 분의 목사가 배출되었다.

마두원은 이들이 서울에 있는 신학교에 통학하도록 재정 보조도 아끼지 않으셨다. 매주 통학비로 급행 교통비를 주시면 그 돈을 아끼느라 완행을 타고 생활비로 사용하기도 했다고 한다.

마두원은 강원도에서 교회 개척뿐만 아니라 병원도 세웠다. 두촌에는 마 목사가 기거하던 집과 제이드(Jade) 병원 자리가 빈터로 남아 있었다. 오랜 세월 방치되어 있었으나 나무도 많고 마당에는 우물도 있어 참 좋아 보이는 곳이었다.

명성 있는 기관이나 큰 교회를 세우기보다는 가난하고 소외된 자들에게 복음을 전하면서 몸소 생활로써 섬김을 실천한 마두원의 깨끗한 영을 감지하면서, 이것이 그분의 선교의 핵심임을 알게 되었다.

얼마 후 마 목사의 영향으로 목사가 된 분들과 함께 마 목사의 일산 묘지를 찾아 나섰다. 너무 오래 방치된 묘지라 찾는 데도 한참 헤맸다. 마침내 나무와 잡초로 가려진 묘지를 찾아냈고, 죄송스럽고 비통한 마음으로 묘지를 둘러싸고 예배를 드렸다.

그의 음악을 통하여 잊혀진 미국인 선교사를 다시 기억하며 그의 헌신과 사랑을 다음 세대에 알리는 일이 계속되기를 바라는 마음이다.

홍천희망교회(교회 오른편 흰색 예배당이 마두원 선교사님이 개척하신 원동교회 본래 건물)

김광섭 목사님과 김애자

22.
마두원을 아시나요?

이동원 목사님은 강원도 군목 시절에 마두원을 만났는데 그때 "당신은 훌륭한 목사가 되실 거요"라는 말을 들었다고 한다. 그리고 집으로 초대되어 당시 먹어본 적 없는 근사한 서양 요리도 대접받았다고 기억하셨다.

마두원이 일제 압제로 1940년 강제 추방으로 평양을 떠나게 되었다. 그는 캐나다 앨버타(Alberta의 Prairie Bible Institute)에서 교수를 역임했다. 그의 찬송 편곡이 "An Hour at the Piano with Well-Loved Hymns"라는 타이틀로 1952년 Prairie Bible Institute에서 출판되었고 1966년 4판으로 출판된 기록이 있다.

마두원의 찬송 편곡의 저작권이 Prairie Bible Institute에 속함을 알고, 2010년 "In Memory of Dwight R. Malsbary" CD를 출시하면

서 허가를 받은 바 있었다. 악보를 많은 피아니스트에게 보급하고자 악보 출판에 대한 저작권의 허용을 PBI로부터 2021년에 정식으로 받았다. 곧 악보도 출판되어 곳곳에 마두원이 알려지고 연주되기를 계획하고 있다.

6.25전쟁 후 마두원의 제자였던 피아니스트 한동일 씨가 콘서트에서 마두원의 찬송을 연주하는 것을 들은 적이 있다. 그리고 오래전에 마두원의 찬송곡을 카세트테이프로 내놓은 것도 들어 보았다. 사실 마두원은 대중에게 많이 알려지지 않았고 그의 음악이나 악보도 몇몇 안 되는 제자에게만 전수되는 것에 그쳤던 것 같다. 그래서 누군가 마두원을 안다고 하면 너무나 반가워 뛰어가서 만났다.

2010년 나의 마두원 CD가 출시되면서 기사화되기도 하였고, 여러 곳에서 그의 유업을 알리며 연주하면서 마두원을 아는 분들을 만나게 되었다.

김상복 목사님도 마두원을 알고 계셨고 악보도 갖고 계셨다. 6.25전쟁 이후 통역으로 마두원과 여행도 같이 하셨다고 한다. 서울에서 부산으로 가는 기차에서 오랜 시간 손가락으로 무릎에 피아노 연습을 하는 모습을 생생하게 기억하고 계셨다.

이동원 목사님은 강원도 군목 시절에 마두원을 만났는데 그때 "당신은 훌륭한 목사가 되실 거요"라는 말을 들었다고 한다. 그리고 집으로 초대되어 당시 먹어본 적 없는 근사한 서양 요리도 다 접받았다고 기억하셨다.

로스앤젤레스에 한미교회가 있다. 지금은 돌아가신 이운영 목사가 자신의 재정을 들여 개척하고 세우신 교회이다. 이 목사님이 한국 방문 중 종로에서 책방을 들렀는데 우연히 나의 말스베리 CD가 눈에 띈 것이다. 너무 반갑고 놀라서 CD 있는 것을 다 달라고 했더니 한 장밖에 없다고 하여 미국에 돌아와서 저작권 허락도 없이 여러 장을 복제하셨다고 한다. 이런 인연으로 클래식 음악에 남달리 깊은 조예를 가진 목사님을 만났다. 목사님은 6.25전쟁 후 부산 피난 시절에 당시 구하기도 힘든 녹음기를 갖고 마두원을 쫓아다니며 녹음을 했다는 것이다. 그분은 마두원의 매니아였다.

목사님은 나의 CD를 들으면서 꼭 마두원이 살아서 연주하는 것 같다고 했다. 우리가 웨일스에 있을 때 찾아오신다고 한, 그해에 돌아가셨다는 슬픈 소식을 접하였다.

23.
레코딩 시작

경복궁에서 양재까지 지하철 3호선을 타고 약 40분간 이동했다. 냉방이 잘 된 지하철로 오가는 시간은 말씀과 기도로 하나님과 함께하는 골방이 되었다. 어수선하고 시끄러운 공간임에도 불구하고 주님은 나와 같이 계셨다. 그래서 그 시간이 참 행복했다.
말스베리의 녹음 프로젝트는 나의 영혼을 새롭게 하는 계절로 다가왔다.

2009년 여름 말스베리의 찬송 편곡을 녹음하려고 할 즈음 뜻밖에 박담회 목사(한홍 목사님이 담임하는 새로운교회 사역)로부터 전화가 걸려왔다. 예배 장소에 일본으로부터 야마하 그랜드 피아노가 금방 들어왔는데 와서 쳐보고 연습하라는 것이었다.

당시 새로운교회는 양재역 옆에 있는 스포타임 건물의 홀을 예배 장소로 쓰고 있었다. '녹음을 하려면 좋은 그랜드 피아노로 반드시 연습해야 하는데…' 하고 고민하는 중에 목사님으로 하여금 나를 생각나게 하신 하나님의 예비하심과 섬세하심에 나는 감격하고 놀랐다. 마두원의 생애와 작품을 세상에 알리는 작업은 분명 하나님이 기뻐하시는 일이라는 확신이 들었다.

7월의 서울은 정말 무덥다. 그 당시 우리는 광화문에 있는 작은 오피스텔에서 살고 있었다. 아침에 피아노 연습을 하러 경복궁에서 지하철 3호선을 타고 양재에 있는 교회까지 가는 것이 일상이 되었다.

좋은 피아노, 좋은 환경에서 연습하니 나의 본래 자리를 찾은 것 같아 힘들지만 행복했다. 하루 종일 연습하며 녹음하여 들어보고 또 들어보면서 무뎌위를 버텨 나갔다. 자신의 소리를 녹음하여 들어보는 것이 가장 탁월한 연습 과정이었다.

찬송가는 메시지를 전하는 노래이다. 가사에 담긴 메시지를 계속 묵상하고 생각했다. 가사 없이 피아노 음으로만 메시지가 전달되어야 하기에 음악성이나 테크닉을 넘어서 하나님이 영감을 부어주셔야 한다. 악보에 가사를 적어놓고 멜로디 부분에는 피아노와 같이 노래를 불러보면서 찬송가의 맥을 잡아본다.

피아노는 건반 타악기이다. 건반으로 노래하는 듯한 선율과 음색을 만들어 내는 고된, 끊임없는 작업은 피아니스트로서 평생 이루어내야 할 과제인 것 같다. 그래서 우리는 성악가로부터 쇼팽의 피아노 선율과 음색의 모델이었던 벨칸토(Bel Canto) 스타일을 배운다.

쇼팽은 자연스러운 연주를 하려면 그 당시 파리에서 활약하던 이탈리아 가수들의 노래를 자주 들으라고 권했다. 대중 연주를 싫어하는 성격과 병약함으로 쇼팽은 대중 앞에 자주 나타나지는 않았지만, 파리에서 그의 연주를 들은 후에 "너무 황홀했고 믿을 수 없을 만큼 아름다웠다. 이탈리아 성악가의 독특한 양식과 연주법을 순수한 피아노의 음색으로 재창조하였다"라고 쓴 기록이 있다(작가 미상).

매일 아침 광부가 보화를 캐러 가는 심정으로 그날 연습할 곡들을 생각하며 연습장으로 향했다. 땀을 흘려야만 그 곡에 실린 진리의 비밀이 발견된다. 조그만 것이라도 보화를 찾아낸 날은 정말 기쁘다. 용기가 생긴다. 작은 부분이라도 적당히 넘어가서는 안 된다고 하며 '바로 이것이다'라고 확신이 올 때까지 연습에 연습을 거듭했다.

시스티나 성당 천정 그림 "천지창조"를 위해 미켈란젤로가 61세에 홀로 작업을 시작하여 66세에 완성시킨 일화를 읽은 적이 있다. 높은 천장 구석에서 열심히 붓질 하고 있는 미켈란젤로에게 친구가 "아무도 못 보는 구석에 왜 그렇게 열심히 땀 흘려서 그리는가?"라고 물었을 때 미켈란젤로는 "나 자신은 안다"라고 대답했다고 한다.

경복궁에서 양재까지 지하철 3호선을 타고 약 40분간 이동했다. 냉방이 잘된 지하철로 오가는 시간은 말씀과 기도로 하나님과 함께

하는 골방이 되었다. 어수선하고 시끄러운 공간임에도 불구하고 주님은 나와 같이 계셨다. 그래서 그 시간이 참 행복했다.

말스베티의 녹음 프로젝트는 나의 영혼을 새롭게 하는 계절로 다가왔다.

이제 녹음 날짜가 며칠 안 남았다. 연습하며 녹음하고 들어보니 아직도 미약한 부분들이 발견된다.

'왜 이런 고생을 해야 하나?'

오늘따라 이 무더위에 피아노를 치러 가방을 메고 다니는 내 모습이 처량해 보인다. 나에게 하는 불평일까, 아니면 하나님께 하는 불평일까? 그래, 이제 마지막 남은 경기를 잘 끝내자고 스스로를 설득해본다.

녹음 비용도 만만치 않다. 가진 돈은 없지만 오히려 하나님이 어떻게 채워주실지 기대가 된다. 들에 핀 꽃이나 공중을 나는 새를 먹이듯이 하나님은 때에 맞게 지난 세월 동안 우리의 필요를 넉넉히 공급하셨음을 기억하자.

"공중의 새를 보라 심지도 않고 거두지도 않고 창고에 모아들이지도 아니하되 너희 하늘 아버지께서 기르시나니 너희는 이것들보다 귀하지 아니하냐"(마 6:26).

When Love Shines

24.
In Memory of Dwight R. Malsbary, 말스베리를 기억하며

찬송곡에 담긴 메시지가 연주를 통해 나를 하나님, 예수 그리스도에게로 이끌고 나아간다. 참된 안식과 평안이 느껴진다. 말스베리의 정결한 영, 하나님을 향한 사랑이 고스란히 음악에 묻어 전달된다. 화려함과 웅장함은 배제되고 조용한 묵상으로 들어가게 한다.

2010년 9월 7일, 1차 녹음 D-day다.

녹음 전날인 어제는 괴로운 연습 시간을 보냈다. 온몸이 경직되고 호흡도 제대로 못 할 정도로 긴장이 되어 있었다. 그런데 긴장감을 미리 겪고 나니 오히려 녹음 당일 아침에는 몸과 마음이 가볍고 상쾌했다.

양재에서 두 시간 동안 연습하고 4시 전에 녹음 장소인 세라믹홀에 도착했다. 피아노 테크니션이 조율하고 있고, 황병준 PD와 엔지니어들이 마이크 셑치 등 녹음 준비를 하고 있었다.

무대에 올라가서 피아노를 쳐보는데 웬일인가! 홀에 공명이 너무 많다. 당황스러웠다. 그동안 연습하며 익숙해진 피아노와는 건반의 느낌과 소리가 무척 달랐다. 새로운 장소에서 새로운 피아노를 만날 때마다 겪게 되는 피아니스트의 딜레마이다. 잠시 마음을 가라앉히고 쳐보면서 곧 새 피아노에 적응해나갔다.

그날 거의 계속 네 시간 동안 이어서 녹음을 하였다. 집중도 잘 되었고, 몸과 팔이 음악을 타고 유연하게 움직였다. 실수할까봐 긴장되는 순간도 놀라울 정도로 거의 없었다. 마음에 여유와 평안이 있었다.

녹음이 끝나고 밖으로 나오니 오랜만에 내린 비로 밤 공기가 시원했다. 이제 무더위가 지나고 가을 냄새가 풍긴다. 몸과 마음이 상쾌했다.

며칠 후, 카자흐스탄으로 떠나기 전에 스튜디오에서 녹음을 들어보았다. 좀처럼 자기의 연주에 만족하기 힘들지만 이번은 달랐다. 내가 연주자가 아니고 말스베리 선교사가 연주하고 있는 느낌이었다.

만족스러운 녹음이었다. 좋은 음반을 만들기 위해서는 연주가 가장 중요하지만, 녹음 엔지니어의 역할도 너무나 중요하다. 최고의 엔지니어를 만나게 하주신 하나님께 감사드린다.

24. In Memory of Dwight R. Malsbary, 말스베리를 기억하며

찬송곡에 담긴 메시지가 연주를 통해 나를 하나님, 예수 그리스도에게로 이끌고 나아간다. 참된 안식과 평안이 느껴진다. 말스베리의 정결한 영, 하나님을 향한 사랑이 고스란히 음악에 묻어 전달된다. 화려함과 웅장함은 배제되고 조용한 묵상으로 들어가게 한다.

강렬하고 감성적인 연주 스타일과는 달리 찬송 편곡에 따라 부드럽고 담백하면서 투명하게 솔로 건반으로 메시지를 표현하는 과정은 큰 도전이었다. 오케스트라 트랙 MR과 마이크로 확성된 소리의 공해에 지쳐 있던 나의 귀를 아침 이슬과 같이, 여름 소낙비와 같이 깨끗이 씻어주었다. 멋이나 기교는 자제되고 섬세하고 정교한 피아노 소리의 음색, 음감에 민감해지면서 나의 영은 하나님이 계신 은밀한 골방으로 인도 받는다.

"지존자의 은밀한 곳에 거주하며 전능자의 그늘 아래에 사는 자여"(시 91:1).

Most beloved Hymns

세라믹홀 녹음

24. In Memory of Dwight R. Malsbary, 말스베리를 기억하며

Part 4

사명자의 길

25. 펴냄
26. 글 쓰는 피아니스트
27. 빛, 소리, 말씀 3 + 1
28. 피아니스트는 외롭다
29. 선한 경쟁
30. 노마드
31. 농어촌 선교회
32. 농가인
33. 우학리
34. 행복
35. 감사
36. 기도
37. 평양 – 아버지의 고향
38. 소록도

25.
떠남

"건강한 신앙 상태를 되찾는 유일한 방법은 빛과 분주함을 줄이는 것이다." 그해 온누리 리더십 축제인 "끝없는 도전"의 주강사였던 짐 심발라(Jim Cymbala) 목사님의 책에서 이 구절을 읽다가 우리의 결단과 선택은 하나님께서 주셨음을 확신했다. 생존자가 아니라 '사명자'로서 여생을 살고 싶다는 갈망이 나를 사로잡았다. 일상생활을 내려놓고 내가 가장 잘할 수 있는 한 가지 일에 집중하기로 결단했다.

2006년, 그해 여름 한국에서의 연주 일정을 끝내고 미국에 있는 집으로 돌아가면서 우리 부부는 큰 결단을 하게 되었다.

지금까지 우리의 삶은 생활 유지에 늘 바빴다. 1993년 러시아 선교여행 이후 풀타임으로 하나님 일을 하고 싶다는 소원이 있었으나 여전히 생활이라는 무거운 짐에 두 날개가 눌려 있어서 여건이 허락되지 않았다. 그런데 삶을 단순화하고 싶다는 생각이 계속 머릿속에서 맴돌았다.

'이제 두 딸도 장성하여 자기 길을 가고 있는데 왜 생활에 묶여 있는가?'

큰딸 진희는 그 당시 의과대학 인턴을 하고 있었고, 둘째 딸 단희는 첼리스트로 대학원을 졸업하고 그때 마침 Fulbright Scholarship을 받고 스페인에 간 시기였다.

우리는 이 큰 결단을 비교적 어렵지 않게 실천했다. 빠른 시일에 집을 정리하고 물건을 이웃에 나누어주는 등 삶을 가볍게 할 수 있었다.

한국에서는 더 그렇겠지만 미국에서도 '집'이란 것은 삶의 기본적인 터전이다. 그런데 집을 처분하고 나니 어디 가서 주소 란이 있으면 '이제 우리에게 돌아갈 집이 없구나!'라고 직감하며 당황스러웠다.

"건강한 신앙 상태를 되찾는 유일한 방법은 빚과 분주함을 줄이는 것이다."

그해 온누리 리더십 축제인 "끝없는 도전"의 주강사였던 짐 심발라(Jim Cymbala) 목사님의 책에서 이 구절을 읽다가 우리의 결단과 선택은 하나님께서 주셨음을 확신했다. 생존자가 아니라 '사명자'로서 여생을 살고 싶다는 갈망이 나를 사로잡았다. 일상생활을 내려놓고 내가 가장 잘할 수 있는 한 가지 일에 집중하기로 결단했다.

미국의 삶을 모두 정리하고, 18세에 유학길로 떠났던 고국을 향하여 몇 개의 가방만 들고 캘리포니아를 떠났다. 짐을 없애고 정리하면서 때로는 엄습하는 두려움도 있었다.
'안정됨을 버리고 이 나이에 과연 올바른 결정을 내린 것인가?'
몇 번 울기도 하였다.
그러나 떠날 때가 되자 마음은 담대해졌고 하나님이 동행하신다는 확신이 있었다. 오히려 마치 갇혀 있던 새가 새장에서 풀려 나와 하늘로 비상하는 느낌이었다. 서울에 와서 작은 공간에서 예전과 같은 편리함은 없이 지내지만 어느 때보다 자유함이 느껴졌다. 내 일생에 이렇게 하나님과 동행하며 자유함을 느낀 적이 언제였을까?

"오직 여호와를 앙망하는 자는 새 힘을 얻으리니 독수리가 날개치며 올라감 같을 것이요…"(사 40:31).

오랜 세월 동안 같이해온 나의 소중한 Steinway 피아노와도 이별을 해야 했다. 피아노는 캘리포니아의 지인 댁에 맡겨 놓았다. 나의 피아노 없이 살아가는 새로운 여정이 시작되었다. 일생 처음으로 내 옆에 내 피아노가 없다. 이제는 '피아노 동냥'(?)으로 살아야 한다. 그렇게 시작된 나의 여정은 이제부터 어디를 가든지 먼저 연습할 피아노를 찾는 것이 초우선이 되었다.

"말뚝을 깊이 박지 마라. 내일 아침이면 우리는 떠난다"라는 누군가의 말처럼 결국 우리는 순례의 길을 걸어가는 순례자이다.

끝없는 도전

26.
글 쓰는 피아니스트

생각이 풍요로운 피아니스트, 글 쓰는 피아니스트가 되고 싶다. 글을 쓸 수 있다는 것은 생각하고 느낄 수 있다는 것이다. 보다 명료하게 생각하고, 보다 깊이 느끼고자 하는 소망이다.

빈센트 반 고흐(Vincent Van Gogh)는 "나는 예술가이다"라고 했다. "예술가란 끝내 완전한 것을 찾지 못할지라도 계속해서 찾는 자이며 나는 계속 찾을 것이다"라고 그는 정의한다. 그렇다. 예술은 진리와 선과 미를 표현하고자 하는 투쟁일 것이다.

사진작가 함철훈 선생님으로부터 귀한 선물을 받았다. 사진작가로서 인문학을 강의하시는 함 선생님 부부도 거의 우리와 같은 시기에 캘리포니아주를 떠나 서울에 오셨다. 작은 갈색 노트를 주셨는데 그 앞 페이지에 "글 쓰는 피아니스트 김애자 님께. 2007. 8. 8"라고 적혀 있었다.

그러면서 피아니스트만이 쓸 수 있는 글을 쓰라고 하신다. 나에게 큰 도전장이었다. 다이어리식으로 매일 글을 써가면 생각이 정리될 것이라고 하신다.

피천득 씨의 수필집 《인연》을 읽기 시작했다. 선생님의 진솔한 필체가 너무 좋아서 몇 번이고 읽었다. 어렸을 때, 아마도 6-7세쯤 부산에 피난을 갔다가 다시 서울로 이사 오면서 성균관대학교 담을 낀 명륜동의 한옥집에서 몇 년 살았다. 뒤에는 산이, 앞에는 물이 흐르는 개천도 있었다. 봄이면 또래 친구들과 개나리, 진달래꽃이 만발한 뒷산에 오르며 놀았던 기억도 난다.

성균관대학교 뜰에는 도토리나무가 많았다. 대학교를 둘러싼 담 밑에는 네모나고 작은 구멍이 있었는데 그 구멍으로 대학교 마당에 기어 들어가 땅에 떨어진 도토리를 줍곤 했다. 내 기억으로는 피천득 선생님 가족이 성균관대학교 안 사택에서 사셨던 것 같다. 선생님의 딸 서영이와 같이 놀았던 기억이 어렴풋이 난다. 그 집에서 같이 밥도 먹었다. 그래서인지 피천득 선생님의 책을 처음 대하면서도 매우 친밀감이 느껴졌다.

그 책 중에 "이야기"라는 글이 있다. '화제의 빈곤은 지식의 빈곤,

경험의 빈곤, 감정의 빈곤'이라고 한다.

"말솜씨가 없는 것은 그 원인이 불투명한 사고방식에 있다. 말을 잘한다는 것은 말을 많이 하는 것이 아니요, 농도 진한 말을 아껴서 한다는 말이다."

화제의 빈곤은 즉 생각의 나태임을 깨닫는다. 사실 생각하는 것 그 자체가 노동인 것 같다.

생각이 풍요로운 피아니스트, 글 쓰는 피아니스트가 되고 싶다. 글을 쓸 수 있다는 것은 생각하고 느낄 수 있다는 것이다. 보다 명료하게 생각하고, 보다 깊이 느끼고자 하는 소망이 있다.

빈센트 반 고흐는 "나는 예술가이다"라고 했다. "예술가란 끝내 완전한 것을 찾지 못할지라도 계속해서 찾는 자이며 나는 계속 찾을 것이다"라고 그는 정의한다. 그렇다. 예술은 진리와 선과 미를 표현하고자 하는 투쟁일 것이다.

그러나 모든 일은 과정일 뿐이다. 완벽이란 교만이 우리 안에 늘 도사리고 있다. 하나님과 사람 앞에서 '완벽'하려는 것을 버리자. 미완성의 인생을 아름답게 살아내자.

과정에서 최선을 다하고 주신 기회를 감사하며 누리자.

나는 '과정'이란 단어가 참 좋다. 나를 편안하게, 그리고 잠도 잘 자게 해준다. 일기책을 선물로 주신 함철훈 선생님께 감사드린다.

27.
빛, 소리, 말씀 3+1

나는 느즈막하게 글쓰기를 배우고 있다. 인생을 되돌아보며 기억과 생각들을 정리하는 좋은 시간이 될 것을 기대하면서 나에게 주어진 새로운 도전에 흥분한다. 도전이 있을 때 활력소가 생긴다.

성경에도 비전이 없는 백성은 방자해지고 멸망한다고 했다. 하나님이 주시는 비전을 받으면 새로운 생명이 내면에서 꿈틀거린다. 알면 알수록 모르는 게 더 많아지듯이 배움에는 나이가 없고 끝도 없다.

"계시가 없으면 백성은 방자하나, 율법을 지키는 사람은 복을 받는다."(잠 29:18, 새번역)

"Where there is no vision, the people perish."(Proverb 29:18)

대전에 갈 기회가 생겨서 대전 극동방송국을 방문하였는데 생각지도 않았던 인터뷰를 하게 되었다. 세 사람이 한자리에서 관객과 소통하는 '3+1'에 대해 약 20분 방송으로 소개를 했다. '3+1'은 빛을 말하는 함철훈 사진작가, 말씀을 전하시는 오대원 목사님(David Ross), 소리로 전달하는 피아니스트 김애자가 한자리에 모여서 각자의 전문 분야로 관객과 같이하는 소위 토크 콘서트(talk concert)이다. 빛, 소리, 말씀을 통하여 관객 각자가 하나님의 임재와 계시를 경험하는 주인공이 된다는 의미로 '3+1'이란 이름이 탄생했다.

"예술의 생각은 다른 예술로부터 배운다"라는 말처럼 나는 '3+1'의 시간을 통해 많은 것을 배웠다. 음악가에서 예술가로 넘어가는 문턱에 있는 것일까?

캘리포니아에서 시작하여 캐나다, 중국, 한국 등 어디든 세 사람이 모인 곳에서 '3+1'을 해오면서 예술가이신 멋진 하나님을 체험했다.

그날 계획에 없었던 극동방송 인터뷰라 준비가 덜 되고 정리되지 못한 말을 한 것이 매우 아쉬웠다. 음악에도 쉼표가 음표만큼 중요하듯이 문장에서 쉼표의 의미를 다시 생각해 본다. 많은 말보다 아껴서 말을 해야 한다고 다짐한다.

피천득 선생의 글이 다시 생각난다. "침묵은 말의 준비 기간이요, 쉬는 시간이요, 바보들이 체면을 유지하는 기간이다." 이미 해버린 말은 엎지른 물과 같아 다시 담을 수가 없다. 장시간의 연습으로 연주를 준비하듯이 글도 정제되고 정리된 생각으로 늘 준비해야겠다고 다짐한다.

독창적인 생각도 중요하지만 이미 많은 생각 속에 터득한 작가들의 글을 읽으면서도 '많이' 배울 수 있을 것 같다. 바흐(J. S. Bach)도 소년 시절에 다른 작곡가들의 악보를 사보하거나 편곡하면서, 이탈리아, 프랑스, 독일 작곡가들의 양식에 친숙하게 되었다고 한다. 그리고 바흐 자신만의 독특한 양식을 이룩하면서 바로크 시대를 대표하는 작곡가로서 후세에 영원히 남길 수많은 작품을 남겼다.

나는 느즈막하게 글쓰기를 배우고 있다. 인생을 되돌아보며 기억과 생각들을 정리하는 좋은 시간이 될 것을 기대하면서 나에게 주어진 새로운 도전에 흥분한다. 도전이 있을 때 활력소가 생긴다.

성경에도 비전이 없는 백성은 방자해지고 멸망한다고 했다. 하나님이 주시는 비전을 받으면 새로운 생명이 내면에서 꿈틀거린다. 알면 알수록 모르는 게 더 많아지듯이 배움에는 나이가 없고 끝도 없다.

"계시가 없으면 백성은 방자하나, 율법을 지키는 사람은 복을 받는다"(잠 29:18. 새번역).
"Where there is no vision, the people perish."(proverb 29:18)

3+1(빛, 소리, 말씀)

28.
피아니스트는 외롭다

피아노의 매력은 자석과 같아서 나는 소리에 이끌리어 일생을 같이 살아왔다.
몸은 세상에 있으나 소리와 함께 영혼은 세상 밖으로 높이 비상하는 것 같다.
그래서 음악은 세상에 속한 것이 아니리라. 음악과 함께 나는 영원을 갈망한다.

머리와 감각을 공격하여 무기력하고 우울하게 만드는 어두운 세력이 이 시대에 날뛰고 있다. 사람들은 소음에 익숙해져 있고 잠깐의 '조용함'도 견디기 힘들어한다. 이 시대가 추구하는 것은 무엇인가? 잊혀져가고 있는 진정한 삶의 가치를 피아노 소리로 외치고 싶다.

노년기를 맞이하면서 숫자적으로 늙은이임에 틀림없지만 생동감은 잃지 않았다. "육신은 날로 쇠퇴해가나 속사람은 날로 새롭도다"

라는 말씀과 같이….

음악은 나의 삶이다. 젊은 시절에 피아노는 나에게 늘 도전이었고 좌절로 인해 나를 많이 힘들게 했다. 이제 나이가 들어서 음악은 나에게 자유함의 날개를 달아준다. 없어서는 안 될 소중한 친구가 되었다. 그곳에서 나의 영혼은 안식을 찾는다. 말로는 다 표현할 수 없는 깊숙한 나의 내면이 드러난다.

소리는 메시지를 전한다. 피아니스트의 손가락 하나하나에 영혼이 담겨 있다. 살아온 세월이 그대로 소리로 반영된다. 내가 살아 있는 동안 과연 몇 시간을 피아노 앞에서 보냈을까? 반복 그리고 또 반복되는, 때로는 지루한 반복이 거듭되는 연습의 시간들… 자신과 싸움의 시간들, 피아니스트가 보내는 홀로의 시간들…. 그러나 그 시간들이 싫지 않기에 그 많은 시간을 보냈나보다. 피아노 앞에서 꿈을 꾸고, 말로 못하는 감정을 호소하고… 좌절과 좌절을 반복하고… 마음이 무너지기도 하고, 포기하려고 하기도 하고….

그러나 피아노의 매력은 자석과 같아서 나는 소리에 이끌리어 일생을 같이 살아왔다. 몸은 세상에 있으나 소리와 함께 영혼은 세상 밖으로 높이 비상하는 것 같다.

그래서 음악은 세상에 속한 것이 아니리라! 음악과 함께 나는 영원을 갈망한다.

29.
선한 경쟁

십자가를 향한 초점이 흐려지면 금방 세상이 보인다. 그리고 세상이 추구하는 것에 물들어간다. 세상에 귀 기울이면서 동시에 하나님의 음성을 들을 수는 없다.

성경은 "늘 깨어 있으라"고 말씀하신다. 하나님의 부르심에 사람들은 다양하게 반응하며 살아간다. 유명해지는 사람이 있는가 하면 이름 없이 충성스럽게 살아가는 사람도 많다. 세상과 타협하지 않고 주님의 부르심에 겸손하게 따르는 사람이 되고 싶다.

영성이 빠진 예술은 나에게 좌절을 줄 뿐이다.

자신의 업적이나 활동을 페이스북이나 유튜브를 통해 군중들과 공유하고 소통하는 시대에 살고 있다. 긍정적인 영향을 주는 내용이 있는가 하면 나 자신을 자책하며 초라하게 만드는 경우도 허다하다.

'나는 지금 무엇을 하고 있는 거야?'

군중들에게 주목받고 유명해지는 것이 삶의 가치판단 기준이 되는 것인가? 남보다 우월해야 한다고 부추기는 세상, 치열한 경쟁 속에서 우리는 남과 비교하며 살고 있다. 그런데 비교는 사람을 정말로 초라하게 하거나 자만하게 만든다.

어느 저녁에 피아노 콘서트를 갔다. 그의 연주를 들으면서 나는 큰 충격과 자극을 받았다. 거인 골리앗 앞에 선 보잘것없는 내 모습이 보였다. 어쩌면 자만심과 일상적인 연주의 반복으로 내가 그런대로 괜찮은 연주자라고 생각했던 것 같다.

우리는 매 순간 선택하며 살아간다. 보잘것없는 존재로 느껴졌을 때 비관하고 좌절하며 포기할 것인가, 아니면 도전을 받고 결단하며 나아갈 것인가? 나의 처절한 부족함이 느껴질 때 오히려 발에 힘을 주고 앞으로 달려갈 수 있는 기회가 될 수도 있다. 부족한 그릇, 빈 그릇이 새로운 것으로 채워질 수 있다.

십자가를 향한 초점이 흐려지면 금방 세상이 보인다. 세상이 추구하는 것에 물들어간다. 세상에 귀 기울이면서 동시에 하나님의 음성을 들을 수는 없다.

"너희는 이 세대를 본받지 말고 오직 마음을 새롭게 함으로 변화를 받아 하나님의 선하시고 기뻐하시고 온전하신 뜻이 무엇인지 분별하도록 하라"(롬 12:2).

하나님의 부르심에 사람들은 다양하게 반응하며 살아간다. 유명해지는 사람이 있는가 하면 이름 없이 충성스럽게 살아가는 사람도 많다. 세상과 타협하지 않고 주님의 부르심에 겸손하게 따르는 사람이 되고 싶다.

영성이 빠진 예술은 나에게 좌절을 줄 뿐이다.

"이제 내가 사람들에게 좋게 하랴 하나님께 좋게 하랴 사람들에게 기쁨을 구하랴 내가 지금까지 사람들의 기쁨을 구하였다면 그리스도의 종이 아니니라"(갈 1:10).

30.
노마드(유목민)

어두움의 세력이 나의 내면을 점령하고 있었다. 하나님의 일을 하고자 모든 것을 버리고 떠나왔건만, 이제 나에게 주어진 사명을 헌신짝같이 여기며 불평하는 나 자신에게 놀란다. 사명감이 희미해서 잘 보이지 않는다. 충동적으로 반응하고 말을 마음대로 내뱉는다. 나의 옛 성품이 되살아난다.

수면이 잠잠할 때 하늘과 구름이 물에 반영되듯이 내면이 잠잠할 때 예수가 반영된다.

2007년 미국을 떠나 한국에 거처를 두고 나그네의 삶을 살아간다. 날씨가 추워지니 더더욱 집이 그립다. 명절이면 나그네는 더 외로워진다. 조용한 설날 아침, 서울에서 경희궁을 산책했다. 천국이라는 본향을 향해 걸어가고 있는 유목민이라고 자칭하면서도 내 마음은 안주하고 싶어 한다.

'하나님은 나의 인생을 왜 이렇게 힘들게 인도하실까?'

'예수께서 걸어가신 길!'

예수를 따라가는 길은 험하고 외로운 길임에 틀림없다. 집도 돈도 차도 없이 지내는 나는 거지이다. 그런데 예수께서 "가난한 자는 복이 있다"라고 하신다. 새벽에 나가 하나님께 안식처를 달라고 기도한다. 나의 조국이건만 이곳이 생소하게만 느껴진다.

어두움의 세력이 나의 내면을 점령하고 있었다. 하나님의 일을 하고자 모든 것을 버리고 떠나왔건만, 이제 나에게 주어진 사명을 헌신짝같이 여기며 불평하는 나 자신에게 놀란다. 사명감이 흐미해서 잘 보이지 않는다. 내면에 숨겨진 어두움이 나를 파괴시키려고 덤벼든다. 대전쟁이 일어났다. 나의 얼굴과 표정이 악마같이 보인다. 지난 3일간 악의 군대가 나를 미치도록 괴롭히더니 이제야 떠난 것 같다.

평정이 찾아오면서, 모든 힘을 잃은 어린아이와 같다. 내 몸은 몸살을 앓는다. 오랜만에 긴 수면을 취한다. 주님만을 바라본다.

"오 신실하신 주, 내 아버지여, 늘 함께 계시니 두렴 없네…"

늘 함께 계신다는 구절에 눈물이 핑 돈다. 더 이상 비참하거나 슬프지 않다. 내 마음이 추웠던 겨울에서 따뜻한 봄 햇살을 맞이한다.

어딘가에서 읽었던 구절이 생각난다.

"추운 겨울을 피해 이사 갈 수는 있어도, 영적 겨울은 옮겨갈 수가 없다."

31.
농어촌 선교회

연주로 초청받고 왔는데 연주할 분위기는 전혀 아니었다.

'왜 이곳에 왔나?'

어느 곳이든 마다하지 않고 부르는 곳에 순종하는 마음으로 가곤 하지만 때로는 그게 싫어지기도 한다.

예배가 시작되었다. 놀랍게도 금세 마음이 진정되면서 하나님이 옆에 계심이 느껴졌다.

대전에서 KTX로 서울에 도착하니 거의 오후 4시였다. 피곤한 가운데 저녁 7시에 농어촌 선교회 모임에 갔다. 작은 오피스에 20여 명이 모여 있었고 방 한편에 있는 작은 업라이트 피아노(upright piano)

가 눈에 띈다.

연주로 초청받고 왔는데 연주할 분위기는 전혀 아니었다.

'왜 이곳에 왔나?'

어느 곳이든 마다하지 않고 부르는 곳에 순종하는 마음으로 가곤 하지만 때로는 그게 싫어지기도 한다.

예배가 시작되었다. 놀랍게도 금세 마음이 진정되면서 하나님의 임재가 느껴졌다.

나는 짧은 간증을 하고 찬송 두 곡을 연주했다. 소외되고 가난한 농촌 목회자들을 후원하여 모인 한 분 한 분이 너무 귀하고 아름답게 보였다. 나는 혼신을 다해 찬송곡을 연주하였고 주님은 그곳에 감동과 은혜를 부어주셨다. 수천 명이 모인 공연장이나 몇 명 안 되는 작은 곳에서도 동일하게 혼신을 다해 연주를 할 수 있는 것은 나에게 주시는 하나님의 특별한 은혜임을 고백할 수밖에 없다.

그곳에서 KBS에서 일하시는 여러 사람을 만나고, 얼마 후 그분들을 통해 KBS 신우회에서 초청을 받고 연주하는 기회도 있었다.

32.
농아인

소리는 귀로만 듣는 것이 아니고 눈으로, 마음으로 보고 느끼는 것이다.
그날 나는 미처 몰랐던 창조의 신비함을 새롭게 경험하였다.

이번 주일은 천안에 내려갔다. 오전 예배와 오후 콘서트에 연주가 예정되어 있었다. 본당 옆에는 작은 예배실이 있는데 농아인들이 모여서 주일 예배를 드린다고 한다. 스케줄에는 없었지만 농아인을 위해 연주를 해줄 수 있느냐고 부탁을 받았다. 여태껏 해보지 못한 일이라 순간 당황스러웠다. 음악은 소리인데 어떻게 전달될 수 있을까?

그렇게 예배 1부와 2부 사이에 그 예배실에 들러서 특별 찬송을 했다. 귀로 듣지 못하는 자들에게 피아노로 찬양 연주를 한 것이다.

연주하는데 이상한 소리들이 이곳 저곳에서 들렸다. 그들은 자기들의 소리로 반응하고 있었다. 감동을 받고 있었다. 나의 제스처와 얼굴 표정을 보았으리라. 그리고 소리가 만들어내는 진동을 느꼈을 것이다.

  나는 그때 알았다. 소리는 귀로만 듣는 것이 아니고 눈으로, 마음으로 보고 느끼는 것이라는 사실을. 그날 나는 미처 몰랐던 창조의 신비함을 새롭게 경험하였다. 음악은, 찬양은 장애의 울타리를 넘어서 마음을 녹여내고 채우는 능력이 있다.

33.
우학리

여수 돌산에서 20-30분 동안 통통거리는 자그만 배를 타고 가면 '금오도' 라는 섬이 나온다. 그 섬에는 '우학리'라는 마을이 있는데 그곳에 이기풍 목사의 교회와 기념관이 있다.

2006년 한국에 온 후 6년간 머물면서 피아노 찬송과 함께 평양을 비롯해 팔도강산 수많은 곳을 다녔다. 한국은 워낙 대중교통이 잘되어 있어서 우리는 자동차 없이도 큰 불편(?) 없이 지냈다. 서울역과 시외버스터미널을 때로는 옆집처럼 자주 드나들었다. 전철로 혹은 기차로 한강을 건널 때마다 넓고 푸른 강물에 감탄이 절로 나왔다.

1966년 한국을 떠난 이후 40년 만에 한국에서 장기간 거주하면서 우리나라 곳곳의 아름다움을 체험할 수 있었다.

여수 돌산에서 20-30분 동안 통통거리는 자그만 배를 타고 가면 '금오도'라는 섬이 나온다. 그 섬에는 '우학리'라는 마을이 있는데 그곳에 이기풍 목사의 교회와 기념관이 있다. 이기풍 목사의 68주년 기념예배에는 여수에서 많은 목사님들이 참석하였다.

1865년에 평양에서 출생한 이기풍은 평양의 유명한 깡패였다고 한다. 사무엘 마펫 선교사를 돌팔매로 쳐서 그의 턱에 상처를 남긴 일화로도 유명하다.

그러던 그가 회개하여 1903년 신학교에 입학하였고, 1907년 평양신학교 제1회 졸업생으로 한국인 최초 목사 중 한 사람이 되었다. 그리고 그 당시 평양에서 가장 먼 국내였던 미신과 우상으로 들끓는 제주도에 해외 선교사로 자진하여 파송되었다. 제주 복음화 후에는 전라남도 섬 지방을 대상으로 사역하면서 1934년에 여수 남면 우학리의 작은 교회를 담임하게 되었다. 그 후 신사참배 거부로 일제의 고문 끝에 1942년에 순교하셨다.

미국에서 오신 이승종 목사가 기념예배에서 설교하고 나는 피아노 연주를 했다. 우학리 어촌 마을에 사는 소박한 주민들과 함께 예배를 드렸다. 이기풍 목사님의 삶이 예배로 모인 이들에게 격려와 도전이 되었다. 정성스럽게 차린 만찬… 음식도 맛있었고 주민들과도 즐거운 교제의 시간을 가졌다.

나는 한국에 와서 전라도 음식이 정말 맛있다는 것을 알았다. 그래서 전라도에 갈 때마다 기대가 된다. 2012년에 여수에서 엑스포가 열린다고 사람들은 많은 기대를 하고 있었다. 이기풍 목사의 도전적이며 역동적인 선교의 삶이 그대로 이어졌으면 한다.

여수는 이순신 장군의 거북선을 비롯해, 손양원, 이기풍 목사의 순교지로서 한국 기독교의 산실과 같은 요지이다. 기독교인의 비율이 한국 기독교 인구의 평균을 훨씬 넘는 34%로, 많은 순교자들이 흘린 피의 유산이 묻혀 있는 곳이다.

그날 밤, 달이 유난히 밝았다. 늦은 밤에 우리 몇 사람은 이기풍 목사의 첫 예배처였던, 그러나 지금은 산골에 폐가가 된 초가집을 찾아 달빛을 따라 좁은 산길을 짚어가며 올라갔다. 깜깜한 오밤중에 달빛밖에 없는 산길에 무언가 튀어나올 것만 같아 오싹했다. 그곳을 영성 훈련소로 만들겠다는 김재현 박사(하버드와 프린스턴 대학에서 중세사로 철학박사 학위)가 자신의 꿈을 펼치며 새벽 3시까지 이야기를 나누는데 긴 하루를 보낸 후의 늦은 밤이라 나는 졸리고 피곤해서 혼났다.

새벽에 마을 여관에 돌아와서 자는 둥 마는 둥 하고 다음 날 아침 9시에 다시 배를 타고 여수로 왔다. 그날 애양원에서 이승종 목사님과 함께 집회를 마치고 애양원 게스트하우스에서 하룻밤을 지냈다.

김재현 박사는 KIATS(한국고등신학연구원) 설립자로 한국 기독교 역사를 세계에 알리고 있다.

34.
행복

목표한 것을 이루지 못했다는 불만족, 실패자라는 느낌이 나를 괴롭혔다. 사람들은 내 연주가 큰 고뇌를 안고 있다고 했다. 그래서 듣는 이들도 같이 눈물을 흘렸다. 그런데 놀랍게도 나도 모르는 사이 행복을 누리고 있었다. 사람에게서 받는 따뜻함에서, 그리고 하나님의 사랑에서 눈물이 나온다.

찬양은 공허감을 메우고 삶을 풍요롭게 만든다. 하나님 안에서만 참된 만족이 있다. 그래서 부족함이 없다는 고백이 나온다. 나는 아무 가진 것이 없어도 부요한 자다.

"여호와는 나의 목자시니 내게 부족함이 없으리로다." 이 시편 구절을 셀 수 없을 만큼 입에 달고 다녔다. 삶에 만족이 없었고 나 자신의 부족함이 너무나도 컸기에 이 구절을 반복하며 위로를 받은 것 같다.

어젯밤 "Happiness"(행복)라는 다큐멘터리를 보았다. 가난하고 환경이 불우할지라도 가족과 친구들과 화목하게 지내는 사람들은 행복했다. 반면에 일 중독, 목표 지향적인 사람, 친구·가족이 없는 사람은 행복하지 못했다. 사랑은 따뜻하고 행복한 것이다.

2007년 믿지 않는 이웃들을 교회로 초청하는 "새생명축제"를 진행하던 서울 한 교회에서 연주를 했다. 연주 후 학교 교장선생님이신 한 여자 성도가 나에게 다가왔다. 내 연주를 보면서 '참 행복한 사람이구나'라고 느꼈다고 했다. 그리고 자신도 들으면서 참 행복했다고….

그 순간 나는 깜짝 놀랐다. 나는 늘 불행하다고 생각했는데…. 목표한 것을 이루지 못했다는 불만족, 실패자라는 느낌이 나를 괴롭혔다. 사람들은 내 연주가 큰 고뇌를 안고 있다고 했다. 그래서 듣는 이들도 같이 눈물을 흘렸다. 그런데 놀랍게도 나도 모르는 사이 행복을 누리고 있었다. 사람에게서 받는 따뜻함에서, 그리고 하나님의 사랑에서 눈물이 나온다.

찬양은 공허감을 메우고 삶을 풍요롭게 만든다. 하나님 안에서만 참된 만족이 있다. 그래서 부족함이 없다는 고백이 나온다. 나는 아무 가진 것이 없어도 부요한 자다.

> "마음이 가난한 사람들은 행복하다. 하늘나라가 그들의 것이다. 슬퍼하는 사람들은 행복하다. 그들은 위로를 받을 것이다."(마 5:3-4, 현대인의 성경)

35.
감사

미국을 더나 떠돌이 같은 한국에서의 삶이 고달팠다. 날씨가 추워지니 더욱 외로워졌다.

그런데 오늘 아침, 감사가 내 마음을 꽉 채운다. 사계절을 주신 하나님께 감사, 쌀쌀한 날씨에 돌아갈 수 있는 따뜻한 거처를 주심에 감사, 사랑하는 가족이 있음에 감사….

이른 아침, 쌀쌀한 늦가을… 주일 예배에 가는 길, 경복궁에서 5호선 전철역을 향하여 은행나무가 즐비한 가로수 길을 걸어간다. 노랗게 물들인 은행나무 잎이 바람에 날려 마치 눈보라같이 쏟아진다. 노란 잎사귀를 맞아가며 걷는 그 길이 꼭 천국으로 가는 길 같다.

아름다움을 만끽하며 나는 참 행복하다고 느낀다. 마음속에 있는 불평 불만이 다 사라진다. 미국을 떠나 떠돌이 같은 한국에서의 삶이 고달팠다. 날씨가 추워지니 더욱 외로워졌다.

그런데 오늘 아침, 감사가 내 마음을 꽉 채운다. 사계절을 주신 하나님께 감사, 쌀쌀한 날씨에 돌아갈 수 있는 따뜻한 거처를 주심에 감사, 사랑하는 가족이 있음에 감사….

감사주일(Thanksgiving day) 아침이었다.

Give Thanks

36.
기도

기도란 어떻게 하는 것인가?
이것저것 해달라고 요청하는 기도에 머무르고 싶지 않다. 하나님의 깊은 임재 가운데 들어가서 그분의 뜻을 알고 싶다.

가장 높으신 분의 은밀한 곳에 머무는 자는 전능하신 분의 그늘 아래 거하리라. 내가 여호와에 대하여 말하리라. 그는 나의 피난처요 요새이며 내가 신뢰하는 하나님이시다(시 91:1-2).

누군가 사랑하면 자꾸 만나고 싶다. 함께 시간을 보낼수록, 대화를 깊이 나눌수록 더욱 가까워진다. 그리고 그 사람의 생각을 알게 되면서 그를 닮아가는 것 같다. 매 주일 예배와 찬양을 수없이 드리고 있으면서 예배자라기보다 연주자로 착각하고 있지는 않은지 나의 동기를 점검하고자 했다. 하나님을 사랑한다면 깊은 교제와 대화가 있어야 할 텐데… 우주에 버려진 고아같이 하나님의 품에서 멀리 떨어져 나간 것만 같다.

기도를 잃어버린 듯하다. 전심으로 하나님을 찾지 못하고 있다. 오랜만에 새벽기도회에 나가기를 결심했다. 알람이 안 울렸는데도 5시에 깼다. 새벽 잠에서 깨어 그동안 얼마나 기도에 게을렀는지 깨달았다. 어두움에 헤매면서 어디로 가고 있는지 망각하고 있었다.

기도란 어떻게 하는 것인가?
이것저것 해달라고 요청하는 기도에 머무르고 싶지 않다. 하나님의 깊은 임재 가운데 들어가서 그분의 뜻을 알고 싶다.

가장 높으신 분의 은밀한 곳에 머무는 자는 전능하신 분의 그늘 아래 거하리라. 내가 여호와에 대하여 말하리라. 그는 나의 피난처요 요새이며 내가 신뢰하는 하나님이시다(시 91:1-2).

어제 우연히 《사귐의 기도》(김영봉 목사 저)를 읽었다. 기도는 하나님과 대화라고 한다. 새벽에 주님과 대화를 나누었다. 주님이 옆에 계신 듯하다. 아바 아버지께 무엇이든 내 마음을 털어놓으면 된다. 그분은 사랑의 눈으로 나를 보신다. 오래 참고 나를 기다리고 계셨다. 내 눈에서 베일이 벗겨지면서 어두움이 사라진다. 고요함 가운데 하나님의 음성이 들린다.

"아버지, 말씀하십시오. 제가 듣는 대로 순종하겠습니다."

37.
평양- 아버지의 고향

평양 대부흥 100주년이 되는 해, 한 해가 저물어가는 추운 북녘에서 피아노로 찬양하면서 말할 수 없는 북한 우리 동포들의 아픔이 느껴졌다. "어느 민족 누구게나 결단할 때가 있나니, 선과 악 싸울 때 어느 편에 설 건가." 치열한 전쟁터의 한가운데에서 외치는 피아노 소리였다. 칠골교회, 봉수교회 목사님들도 예배에 참석해 있었다. 한때 '동방의 예루살렘'이라고 불리던 이 땅에 다시 찬양과 예배가 회복되는 날이 곧 오기를 간절하게 소원했다.

2007년은 1907년 평양 대부흥의 100주년을 기념하는 매우 의미 있는 해이다. 2007년 12월 11일, 부흥한국 고형원 전도사의 권유를 받아 한민족 복지재단의 일원으로 평양에 가게 되었다. 이번 평양 방문은 중국 심양을 경유하지 않고 김포공항을 출발하여 평양 순안

공항으로 직항하는 특별한 케이스였다. 비행기에 타자마자 30-40분 안에 평양에 도착하였다. 얘기로만 듣던 아버지의 고향, 평양 땅을 드디어 밟게 되었다. 북쪽이라 많이 추울 줄 알았는데 서울과 별 차이가 없었다. 도착하자마자 식당으로 인도되어 점심 식사를 했는데 동태 순대가 정말 맛있었다. 아버지 고향의 맛에 익숙하게 자란 탓에 심심한 음식 맛이 나에게 잘 맞았다.

보통강호텔에서 여장을 풀고 곧바로 김일성 생가를 방문하고, 스케줄이 바뀌어 둘째 날 가기로 했던 칠골교회에서 감사 예배로 여정이 시작되었다. 봉수교회는 수리 중이라고 했다.

작은 여배당에는 오래된 피아노가 있었다. 평양 대부흥 100주년이 되는 해, 한 해가 저물어가는 추운 북녘에서 피아노로 찬양하면서 말할 수 없는 북한 우리 동포들의 아픔이 느껴졌다.

"어느 민족 누구게나 결단할 때가 있나니, 선과 악 싸울 때 어느 편에 설 건가."

치열한 전쟁터의 한가운데에서 외치는 피아노 소리였다. 칠골교회, 봉수교회 목사님들도 예배에 참석해 있었다. 한때 '동방의 예루살렘'이라고 불리던 이 땅에 다시 찬양과 예배가 회복되는 날이 곧 오기를 간절하게 소원했다.

버스를 타고 바라본 평양 거리는 한산하고 쓸쓸해 보였다. 동유럽에 온 것 같은 느낌도 들었다. 체코슬로바키아 건축가가 설계한 건물들이라고 했다. 자전거를 타고 다니는 사람들이 보였다. 평양 시내에 우뚝 서 있는 김일성 동상과 기념탑들이 모두 김일성 수령의 은혜(?)라는 안내원의 잘 훈련된 말들이 역겹게 들렸다. 영광, 은혜란 오직 하나님께만 속한 것임을 모르는 그들을 보며 안타까웠다.

아침 6시에 호텔방 501호에 새벽기도회로 모였는데 예배라 하지 않고 '아침 모임'이라고 했다. 작은 소리로 속삭이면서 가슴으로는 부르짖는 기도… 우상숭배했던 조상들의 죄, 민족과 나의 죄를 회개하는 시간이었다. 이 황무한 땅을 긍휼히 보시고 고쳐주시며 회복시켜 달라는 간구의 기도를 드렸다. 하나님은 분단된 우리 민족을 보며 얼마나 아파하실까! 평양 땅에서 드리기에 더욱이 애절한 기도 가운데 하나님의 아파하시는 심정이 느껴졌다.

"어서 돌아오오" 찬송을 부르면서 소리 죽여 펑펑 울었다. 이 찬송가는 박재훈 목사님이 옛적 평양에서 대동강가를 거닐며 작곡하셨다고 한다. 이 글을 쓰는 즈음(2021년) 캐나다 토론토에서 99세로 별세하셨다는 슬픈 소식을 듣게 되어 너무나 아쉽다. 박 목사님은 100세를 바라보시면서도 끊이지 않는 조국 사랑으로 작곡 활동을 계속하고 계셨다.

어서 돌아오오 어서 돌아만 오오

지은 죄가 아무리 무겁고 크기로

주 어찌 못 담당하고 못 받으시리요

우리 주의 넓은 가슴은 하늘보다 넓고 넓어

어서 돌아오오 어서 돌아만 오오

우리 주는 날마다 기다리신다오

밤마다 문 열어놓고 마음 졸이시며

나간 자식 돌아오기만 밤새 기다리신다오

어서 돌아오오 어서 돌아만 오오

채찍 갖아 아파도 주님의 손으로

때리시고 어루만져 위로해 주시는

우리 주의 넓은 품으로 어서 돌아오오 어서(눅 15:20).

작곡 곽재훈(1943), 작사 전영택(1943)

38.
소록도

> 말로만 듣던 소록도를 처음 방문하면서, 옛날에 보았던 환자들의 모습이 생각나서 좀 두려운 마음이 들었다. 그러나 그들을 개인적으로 접하면서 두려움은 금방 사라졌다. 오히려 힘든 세월을 꿋꿋하게 이겨낸 정신과 믿음이 보였다. 그래서 존경스러운 마음이 들었다.

서울로 돌아오니 그다음 날 여수로 떠나는 일정이 기다리고 있었다. 카자흐스탄 알마티(Almaty)에서 시작된 기침이 그치지 않았다.

김재현 박사의 인솔로 손양원 목사님 순교 60주년 기념 음악회로 우학리, 여수, 소록도에서 콘서트를 하게 되었다. 바이올린, 플룻, 피아노 연주자들로 구성하여 소외된 자들을 방문하며 위로하는 의미 있는 시간이었다.

피난 시절 직후 한센병 환자들은 격리되지 않고 동네에 돌아다니곤 했다. 어렸을 때 그들을 보면 너무 무서웠다. 소록도는 한센병 환자가 격리되어 살았던 전라도 남쪽에 있는 섬이다. 의학이 발달되어 한센병은 모두 치료되었으나 병이 남긴 자국들은 아직 남아 있다. 사슴 모양을 닮은 작은 섬이라 하여 소록도라 불린다. 소톡도는 소나무가 많은 아름다운 섬이다.

말로만 듣던 소록도를 처음 방문하면서, 옛날에 보았던 환자들의 모습이 생각나서 좀 두려운 마음이 들었다. 그러나 그들을 개인적으로 접하면서 두려움은 금방 사라졌다. 오히려 힘든 세월을 굿굿하게 이겨낸 정신과 믿음이 보였다. 그래서 존경스러운 마음이 들었다.

16세의 어린 나이에 섬으로 와서 평생 소록도에서 온갖 어려움을 겪고 사신 분을 만났다. 74세의 권사님인데 하루도 빠짐없이 교회에 와서 새벽기도를 드리신다고 한다. 그의 얼굴에는 억울함이나 애통이 아니라 기쁨이 보였다. 오히려 나를 격려해 주는 여유까지 있었다.

매일 낮 12시 기도 모임이 있는데 나의 사역을 위해 기도하겠다고 한다. 소록도에서 내가 받은 값진 사랑의 선물이다. 주님을 믿는 믿음으로 이들은 어려운 세월을 견딜 수 있었으리라!

"애통하는 자는 복이 있다"라는 말씀과 같이 애통하며 하나님밖에 의지할 수 없었던 그들은 순수하게 믿음을 지킬 수 있었을 것이다. 세상에서 격리된 섬에서 지킬 수 있는 그 믿음, 하나님만 바라보는 믿음이 값진 것 같다. 오랜 세월 동안 한센병자로서 겪는 뼈아픈 고통과 절망, 눈물과 한숨…. 주님은 십자가에서 고통과 피로 얼룩진 그들의 쓰라린 아픔과 멸시의 쓴 잔을 마셨다. 그리고 오늘도 그들을 위로하시며 동행하고 계신다.

이렇게 인연을 맺게 되면서 그 이후 두 차례 더 소록도를 방문하였다. 소록도교회에는 오래된 업라이트(upright) 피아노가 있었다. 내가 그곳에서 연주할 때 김재현 박사는 그곳에 좋은 피아노가 들어가야겠다는 부담을 갖게 되었다. 얼마 후 그가 미국에서 집회하면서 그 상황을 보고했을 때 한 성도가 마음에 감동을 받아 소록도의 피아노를 위해 헌금을 했다.

2011년 2월 18일 소록도로 보내는 피아노를 보러 인천 영창피아노 공장에 갔다. 그랜드 피아노 모델 185가 3대 준비되어 있었다. 그중에서 교회에 가장 잘 맞을 피아노를 선택했다. 벌써 오래전에 돌아가신 영창악기의 창업자인 아버지와 삼촌은 이 세상에 계시지 않지만 이 피아노가 소록도의 주민을 위로하리라는 사실에 기뻐하실 것이라는 상상을 하니 눈시울도 뜨거워졌다.

2011년 7월 6일 토요일에 "소록도 주민을 위한 잔치"를 위해 비행기로 여수에 내려갔다. 소록도로 가는 날은 비가 정말 많이 왔다. 장대비가 내렸다. 그날 비가 너무 많이 와서 순천, 여수 지역은 산이 무너지고 물난리가 났다. 여수 중앙교회 무용팀이 소록도 잔치에서 춤을 춘다고 해서 같이 교회에서 밴을 타고 갔다. 비는 쏟아졌지만 그날 소록도에는 기쁨이 넘쳤다.

매달 첫째 주일이면 소록도의 다섯 교회가 오후 1시에 연합 예배를 드린다. 목사, 부목사, 전도사 세 목회자가 다섯 개의 교회를 순회하며 예배를 인도한다고 한다.

예배당이 꽉 찼다. 예배 시간에 새로 들어간 영창 그랜드 피아노로 연주했다. 한센병이 스치고 남긴 아픔의 자국들이 위로받는 시간이었다. 감동받고 행복해하는 모습을 보면서 나도 행복해졌다. 헌금으로 마련된 피아노로 소록도 주민에게 들리는 찬양 피아노에 맞추어 부르는 그들의 찬양소리에 애틋한 감동이 느껴졌다.

비가 장대같이 쏟아지는 그날, 많은 봉사자들이 분당, 춘천, 광양 등지에서 내려와 주민들을 섬겼다. 짜장면, 부침개, 수박 등을 푸짐하게 만들며 섬기는 모습이 보기 참 좋았다. 김재현 박사는 지속적으로 소록도 주민들을 섬기는 일을 하고 계셨다. 처음 방문했을 때 휑했던 예배당이 이제는 김 박사님의 헌금으로 장의자로 채워져 있었다. 그리고 까만 광택이 나는 그랜드 피아노(모델명: 영창 그랜드 185; 피아노의 길이가 185센티미터)도 참 보기 좋았다.

Part 5

FESTIVAL of LIFE

39. 수정교회
40. 크로스오버
41. 북아일랜드
42. 파리 여행
43. 벳겔럿 - 북 위일스
44. 헤른후트
45. 홀로코스트
46. FESTIVAL of LIFE - Poland
47. 비엔나

♫

하나님 앞에 가면 내 모습이 적나라하게 보인다. 그분 앞에서 나는 늘 나의 부족함을 고한다. 사실 나는 많이 부족하다. 겸손인지, 나 자신의 비하인지 잘 모르겠다. 좋은 환경과 재능을 받았으면서도 감사하지 못하고 투덜거리는 게 아닌가? 나의 부족함이 사람들에게 노출되는 것이 두렵다.

하나님의 형상으로 지음을 받았다고… 그분의 창조성을 받은 나는 하나님의 예술작품이라고 성경은 말한다. 나를 가리고 있는 가면을 벗어버리자. 부족함을 드러낼 때 오히려 자유함이 있다.

"나에게 이르시기를 내 은혜가 네게 족하도다 이는 내 능력이 약한 데서 온전하여짐이라 하신지라 그러므로 도리어 크게 기뻐함으로 나의 여러 약한 것들에 대하여 자랑하리니 이는 그리스도의 능력으로 내게 머물게 하려 함이라"(고후 12:9).

39.
수정교회

하나님이 주신 달란트도 연단을 통해 세월을 지나면서 다듬어지고 마침내 순금같이 나온다. 연주 실력이 탁월하다고 반드시 사람의 가슴을 감동시키는 찬양이 나오는 것도 아니다. 삶이 하나님의 은혜를 체험할수록 그분을 향한 찬양이 엄청난 능력으로 터져나온다고 믿는다.

찬양 피아니스트의 길을 가기로 마음 먹었지만 사실 가사가 없는 연주곡으로 어떻게 메시지가 전달될 것인지 처음에는 몰랐다. 노래로 찬양하는 사람은 많아도 악기로 찬양하는 모델은 찾기 힘들었다. 그런데 일단 시작하면서 놀라운 비밀을 발견했다. 바로 언어와 민족을 초월한 소통이 연주곡에 있다는 사실이다. 찬양의 영은 하나님을 모르는 자에게도 그 감동이 전달되었다.

대중 앞에 서는 찬양자의 길에 들어서면서 음악성에 비해 영성이 너무나 부족한 나의 내면을 보았다. 영성과 예술성을 겸비한 찬양자가 되기에는 턱없이 부족했다. 때로는 그 자리를 떠나서 예전으로 돌아가고 싶은 충동도 생겼다.

20여 년이 지난 지금 깨닫는다. 하루아침에 이루어지는 것은 없다. 하나님이 주신 달란트도 연단을 통해 세월을 지나면서 다듬어지고 마침내 순금같이 나온다. 연주 실력이 탁월하다고 반드시 사람의 가슴을 감동시키는 찬양이 나오는 것이 아니다. 삶에 하나님의 은혜를 체험할수록 그분을 향한 찬양이 엄청난 능력으로 터져나온다고 믿는다.

많은 크리스천 음악인이 부딪치는 난관은 대부분 음악적으로 단순한 찬송가에 있다. 하나님을 향한 열정과 신앙을 드러낼 연주곡을 찾기가 힘든 것을 우리 전공자는 모두 동감할 것이다.

1995년 까롤리요브에게 의뢰한 찬송 피아노 협주곡과 변주곡이 1998년 우여곡절 끝에 카자흐스탄에서 녹음되고 드디어 희망에 찬 밀레니엄을 맞이하면서 2000년 캘리포니아의 수정교회(Crystal Cathedral)에서 오케스트라와 협연하였다.

찬양 콘서트로 60인의 크리스탈 오케스트라와 100여 명에 가까운 찬양대도 함께했다. 현재 은혜교회 한기홍 담임목사님은 그 당시 샌디에이고에서 사역하고 계셨는데 이 연주회를 위해 버스를 대절하여 전 교인이 콘서트에 오기도 했다.

한 목사님은 우리 담당 전도사 시절부터 지금까지 계속 나의 음악 사역을 위해 기도해주는 멘토이시다. 어마어마하게 큰 수정교회(crystal cathedral)도 관중으로 거의 꽉 찼던 것 같다. 연주회에 많은 호응이 있었다. 1995년 이후 겪어 온 모든 어려움들이 해소되는 듯한 승리를 맛보는 느낌이었다.

그러나 그런 감정도 잠시… 이 콘서트를 위해 겪은 과정들을 생각해보면, 수많은 사람이 동원되어 준비하고 연주하는 이 화려한 무대는 반복적으로 재현하기 힘든 일이다. 이벤트로 그칠 수밖에 없다는 난점을 보았다.

찬송가를 클래식으로 연주하는 콘서트를 대중에게 들려주고 싶었다. 대중을 클래식 수준으로 끌어올리고 싶었다. 이 소망을 실현하기 위해 나는 수년 동안 수많은 곤욕과 희생을 치러야 했다. 성경에도 예수는 군중이 알아 듣기 쉽게 종종 비유로 말씀하셨다. 찬양은 클래식을 선호하는 특정 부류를 위한 음악이 아니다. 하나님의 임재 가운데 대중과 소통하는 통로가 되어야 한다고 깨달았다.

40.
크로스오버

크리스천으로 세상 문화에 대적하기보다 삶의 현장 즉 대중의 문화 속으로 파고들어가서 모든 문화 위에 계신 예수를 전해야 한다는 생각으로 과감한 변화를 시도해보았다. 변화에는 커다란 용기가 필요했다.
'일생 동안 옆은 보지 않고 오직 전통 클래식만 연주하던 사람이 갑자기 이러한 변화를 소화할 수 있을까?'
먼저 나의 제한된 음악성에 자신이 없었다. 한참을 머뭇거렸다.

클래식만을 고집할 수는 없었다. 2000년 수정교회의 연주를 마치고 새로운 고민이 시작됐다.

어떻게 하면 '대중에게 가깝게 갈 수 있을까?'

크리스천으로 세상 문화에 대적하기보다 삶의 현장 즉 대중의 문화 속으로 파고들어가서 모든 문화 위에 계신 예수를 전해야 한다는 생각으로 과감한 변화를 시도해보았다. 변화에는 커다란 용기가 필요했다.

'일생 동안 옆은 보지 않고 오직 전통 클래식만 연주하던 사람이 갑자기 이러한 변화를 소화할 수 있을까?'

먼저 나의 제한된 음악성에 자신이 없었다. 한참을 머뭇거렸다.

크리스천 뮤직 프로듀서로 잘 알려져 있는 John A. Schreiner를 소개받아 샌 클레멘티(San Clemente)에 있는 그의 스튜디오에서 만났다. 이 사람과 함께라면 할 수 있겠다는 용기가 생겼다. 스튜디오에서 그가 만들어내는 음악을 지켜 보았다. 피아노에 오케스트라 트랙을 미디(midi)로 덧입혀 작업하는 일이었다. 그러면서 나는 클래식과 팝, 발라드 등 모든 장르를 망라해 클래식 음악가라는 제한을 벗어버리려고 노력했다.

레니 르블랑의 "Above All"을 타이틀 곡으로 정했다. 모든 능력과 권세에 뛰어나신 주님에 대한 찬양곡이다. 프랑스의 신인 음악가 Sebastian Koch도 프로듀싱에 합세하여 팝과 클래식이 접독된 크로스오버(Crossover) 스타일의 음반 3집 "Above All"이 2003년에 제작되었다. 한 사람의 부족함이 다른 사람의 재능으로 메꾸어지고 덧입혀지면서 여러 시행착오 끝에 작품이 완성되었다.

CD가 완성되고 나서, 이제 트랙과 함께 피아노로 어떻게 라이브로 연주할 것인가가 문제였다. 피아노가 솔로로 먼저 나오는 곡도 있다. 이런저런 연구 끝에 연주자에게 무선으로 메트로놈 클릭을 주면 나는 오케스트라와 클릭을 들어가며 연주하기로 했다. 나는 그때부터 이어폰을 사용하며 연주하기 시작했다.

이제는 60명의 오케스트라를 대신하여 트랙의 오케스트라가 어디든지 나와 같이 동행했다. 물론 문제는 많았다. 오디오 시스템이 좋은 홀이나 교회는 좋은 오케스트라 소리를 만들어 놀라운 음향 효과를 낼 수 있었다. 그러나 그렇지 못한 장소에서는 엔지니어가 이 생소한 시스템을 다룰 줄 몰라 연주 바로 전까지 마음을 졸이는 경우도 허다했다.

이 새로운 CD는 나의 연주 영역을 넓혀주었다. 확대된 음향의 오케스트라 트랙과 피아노 라이브 연주는 사람들의 감정을 하나님의 임재로 몰입시키는 특별한 감동이 있었다. 연주가 잦아지면서 코로나19 시기에 이르기까지 Traveling Musician의 삶을 살아왔다.

모든 능력과 모든 권세(Above All)

모든 능력과 모든 권세 모든 것 위에 뛰어나신 주님
세상이 측량할 수 없는 지혜로 모든 만물 창조하셨네

모든 나라와 모든 보좌 이 세상 모든 경이로움보다
이 세상 모든 값진 보물보다 더욱 귀하신 나의 주님
십자가 고통당하사 버림받고 외면 당하셨네
짓밟힌 장미꽃처럼 나를 위해 죽으셨네 나의 주

41.
북아일랜드

아홉 살 어린아이부터 70여 세의 어른들이 모여 찬양하고 기도한다. 이러한 모임을 보면서 누가 감히 유럽의 기독교가 죽었다고 얘기할 것인가? 그루터기와 같은 이들의 믿음이 다음 세대에 전수되는 모습이 참 아름답고 감격적이었다.

북아일랜드(N. Ireland)의 수도 벨파스트(Belfast)의 근교에서 사는 아일랜드 토박이 마가렛(Margaret)과 클렘(Clem)의 농가(farm house)에서 일주일을 지냈다. 참 아름답고 평화스러운 곳이다. 우리를 가족같이 환영해주는 이들 부부와 같이 지내는 시간… 명랑하고 잘 웃는 마가렛과 온유하고 자상한 클렘과 같이 웃고 대화하는 시간들은 행복했다. 클렘의 트랙터도 타보고 그들의 잘 가꾸어진 넓은 농장도 돌아 보았다. 아일랜드의 겨울도 웨일스의 날씨같이 비와 바람의 연속이었지만 장작이 타는 벽난로 앞에서 우리의 마음도 훈훈했고 정말 즐거운 시간이었다.

양을 치는 친구의 농장을 방문했는데 그렇게 많은 어린양은 생전 처음 보았다. 바로 아침에 새로 태어난 아기 양과 수백 마리의 귀여운 새끼 양들이 정신 없이 뛰어놀고 있었다. 아주 보드라운 어린양을 쓰다듬어보면서 구유에서 태어나신 아기 예수를 생각해 보았다.

'Lamb of God' 이 단어는 이상할 만큼 내 가슴을 눈물로 적신다. 우리가 방문했던 겨울은 새끼 양들이 태어나는 시기였다. 암양이 늦은 여름에 임신하면 약 145일 만에 새끼 양을 낳는데 보통 한 마리, 때로는 두세 마리까지 낳는다고 한다.

꽤 커다란 농장을 가지고 있는 이 친구의 집 거실에서 차를 마시고 피아노도 치면서 그날 오후 온 가족과 함께 즐거운 시간을 보냈다. 웨일스 사람들도 그렇지만 우리가 만난 아일랜드인들도 무척 소박하고 다정다감했다.

지난 6월에 이미 이곳에서 콘서트를 하였기에 다시 보는 얼굴들이 우리를 반갑게 맞이해주었다. "Glenavy Prayer Union"은 목요일 저녁마다 모이는 기도 모임인데 이날은 8시에 윌버트(Wilbert)의 농가 거실에서 모였다. 25년이나 계속해온 이 기도 모임에 30여 명이 모였다. 아홉 살 어린아이부터 70여 세의 어른들이 모여 찬양하고 기도한다. 이러한 모임을 보면서 누가 감히 유럽의 기독교가 죽었다고 얘기할 것인가? 그루터기와 같은 이들의 믿음이 다음 세대에 전수되는 모습이 참 아름답고 감격적이었다.

웨일스의 영어 사투리도 알아 듣기 힘들지만, 여기 아일랜드 사투리도 만만치 않았다.

어린양과 함께

42.
파리 여행

여권이 이렇게 소중하구나! 여권이 없으면 여행객은 자신의 신분을 증명할 길이 없다. 신분을 잃은 우주의 미아가 되는 것인가? 여권 없이는 어느 나라도 들어갈 수가 없다.

지금 나는 미국 국적을 갖고 있지만, 나의 영원한 국적은 하늘나라이다.

천국에 들어가는 여권을 잘 간직해야겠다.

프랑스인과 함께 추석을 기념하며 즐기는 "Fete de la Moisson"이라는 가을 축제가 Jardins d'Acclimation이라는 파리 공원에서 금요일부터 일요일까지 3일 동안 열린다고 한다. 한국을 알리는 이 "한가위 축제"에 연주 요청을 받았다. 그런데 여행 경비가 만만치 않아 좀 부담스러웠다.

자비량 선교사로서 사역 요청을 받으면 재정을 생각하지 않을 수 없었다. 유럽은 기차 삯이 무척 비싸다. 하나님의 부르심으로 믿고 순종할 것인가? 주님의 음성을 듣기 원했다.

바닷가 마을 텐비(Tenby)의 조그만 교회 주일 예배에 연주로 초청을 받고 갔다. 비가 많이 오는 그날 "Holy Holy Holy"를 연주할 때 그 장소에 하나님의 거룩한 임재로 가득 찼다. 감동을 받은 성도들에게 예상치도 않은 사랑의 헌금을 300파운드나 받았다. 그 전날, 밥의 농장에서 연주하고 판매된 CD가 합쳐져서 파리 기차 여행 비용인 430파운드가 충당되었다. 하나님이 함께하신다는 신호였다.

파리행 기차인 유로스타(Eurostar)를 타기 위해 웨일스에서 기차로 네 시간 걸려 런던 St. Pancras 역에 도착했다. 이민국을 통과하고, 기차 출발 10분 전에 coach 15번 차에 타서 내 자리를 찾아 앉으며 안도의 숨을 쉬었다. 그리고 이민국에서 보여주고 자켓 주머니에 넣었던 여권을 가방에 안전하게 넣어야겠다는 생각으로 주머니에 손을 넣는 순간, 주머니 밑이 뻥 뚫려 있는 것이었다. "나 이제 죽었구나!" 순간적으로 기차 밖으로 뛰어나갔다. 수많은 사람으로 북적거리는 이 기차역에서 어떻게 없어진 여권을 찾을 것인가!

기차 칸으로 몰려오는 여행객들을 헤치고 정신없이 출입국관리소 부스(immigration booth)를 향하여 뛰었다. '파리 여행은 불가능한 것인가!' 남편은 짐을 가지고 기차에 남아 있었다. 이렇게 황당할 수가 있을까? 뛰어가는데 유로스타의 여자 승무원이 보였다. 숨가쁘게 사정을 설명하였다. 그는 즉시 무전 전화로 연락을 취했고, 몇 차례 전화가 오가며 긴장감은 최고조에 달하고 있었다. 1-2분이 지났을까. 조마조마한 마음으로 기다리고 있었는데 전화가 울리더니 찾은 것 같다고 했다. 잠시 후 한 남자가 내가 서 있는 곳을 향해 달려와 내 여권을 나에게 넘겨줬다.

그때 기차가 떠나려고 했다. 가까운 기차의 아무 칸이나 빨리 타라고 한다. 아슬아슬하게 기차에 올라탔다. 기차가 떠나기 1분 전이었다. 승무원들도 같이 기뻐해주었다. 그 와중에 그 여자 승무원은 여권을 찾아 준 일에 대해 이메일로 후기를 써달라고 했다.

초긴장의 10분! 자리에 앉아서도 심장은 계속 고동쳤다. 기적과 같은 일이었다! 여권이 이렇게 소중하구나! 여권이 없으면 여행객은 자신의 신분을 증명할 길이 없다. 신분을 잃은 우주 미아가 되는 것이다. 여권 없이는 어느 나라도 들어갈 수 없다.

지금 나는 미국 국적을 갖고 있지만, 나의 영원한 국적은 하늘나라이다. 천국에 들어가는 여권을 잘 간직해야겠다.

"나는 죽은 사람들이 모두 그 보좌 앞에 서 있고 책들이 펴져 있는 것을 보았습니다. 거기에는 또 다른 책이 한 권 있었는데 그것은 생명책이었습니다. 죽은 사람들은 그 책에 기록된 자기들의 행위에 따라 심판을 받았습니다…누구든지 생명책에 이름이 기록되지 않은 사람은 이 불못에 던져졌습니다"(계 20:12, 15. 현대인의 성경).

파리 공원

마들렌 성당 연주

43.
벳겔렛 – 북 웨일스

알란은 200년 전에 그곳에서 일어났던 부흥의 기적을 어제 일과 같이 생생하게 우리에게 이렇게 전해주었다.

"리처드 윌리엄스 목사는 그 주일 이 농가 부엌에서 설교하게 되었다. '하나님의 거룩하심'을 주제로 말씀을 전하는 도중 분위기가 바뀌면서 그 자리에 하나님이 바로 옆에 계시다는 것이 느껴졌다. 그러면서 사람들은 눈물을 주체하지 못하고 울고 신음하며, 바닥에 엎드려 죄를 자백했다. 또 20년간이나 말도 안 하고 지내던 자들이 일어나 서로 포옹하며 화해가 일어났다. 예배 마지막 찬송의 시간에는 모든 사람이 하나님의 임재에 압도되어 주저앉아 그 자리를 떠나려 하지 않았다."

리처드 파크하우스(Richard Parkhouse)와의 인연은 2014년 폴란드 생명의 축제(Festival of Life in Poland)에서 처음 시작되었다. 영국의 유명한 부흥사가 세운 데이비드 헤서웨이 미니스트리(David Hathaway Ministry)가 주관하는, 동유럽으로 TV 생중계되는 대형 전도집회에 연주자로 초청받아 가게 된 것이다.

분홍색의 와이셔츠에 화려한 넥타이의 멋쟁이 영국 노신사 리처드는 은퇴한 교정 치과의사로 헤서웨이 미니스트리의 이사였다. 나의 연주에 감격했다면서 다가온 그는 유머와 웃음이 떠나지 않는 사람이었다. 이렇게 폴란드에서 친해지면서 그해 겨울에 북 웨일스에 있는 그의 집으로 기차를 타고 방문하여 같이 며칠 동안 지내기도 했다.

외향적인 리차드에 비해 그의 아내 레이첼은 조용하고 다정하며 현숙했다. 산으로 둘러싸인 언덕에 집이 있는데 거실에는 베크슈타인 그랜드 피아노가 있었다. 리처드는 아마추어지만 쇼팽 발라드를 연주하는 수준급 피아니스트였다. 그는 만나면 끊임없이 음악에 대한 이야기를 나누는 것을 즐거워했다. 어느 날 저녁에는 집으로 친구들을 초대해서 음악회를 열기도 했다.

그로부터 3년 후인 2017년 데이비드 헤서웨이가 북 웨일스에서 부흥회를 했을 때 또 한번 방문했다. 이번에는 자동차로 운전해서 올라갔다. 우리가 살고 있는 남서부 웨일스에서 북으로 가는 길은 잘 뚫린 고속도로가 없어서 산을 넘고 마을들을 지나야 했다. 가는 길이 너무나 아름답지만 5-6시간 걸리는 자동차 여행은 쉽지 않았다. 북 웨일스는 남쪽과 달라 산도 높고 가팔라서 풍경이 남 웨일스와는 매우 대조적이었다.

부흥회가 끝나는 날, 교회에서 전세 버스를 타고 50-60명의 교인들과 같이 북 웨일스 산중에 있는 '벳겔렛(Beddgelert)'라는 그림과 같은 작은 마을을 방문하였다. 1817년 이 마을의 작은 농가집 부엌에 하나님이 임재하신 놀라운 사건이 있었다고 한다. 세월이 지나면서 "The Beddgelert Revival"은 사람들에게 잊혀졌지만 그 당시 북 웨일스 지역에 커다란 영향을 끼친 강력한 영적 부흥의 사건이었다.

높은 산 밑에 흰색의 작은 집이 보였다. 버스에서 내리니 알란(Alan)이라는 분이 우리를 반갑게 맞이해주었다. 알란은 200년 전에 기적의 현장이었던 농가의 부엌에서 일어났던 부흥의 기적 스토리를 생생하게 전해주었다:

"리처드 윌리엄스 목사는 그 주일 바로 이 농가 부엌에서 설교를 하게 되었다. '하나님의 거룩하심'을 주제로 말씀을 전하는 도중 분위기가 바뀌면서 그 자리에 하나님이 바로 옆에 계시다는 것이 느껴졌다. 그러면서 사람들은 눈물을 주체하지 못하고 울고 신음하며, 바닥에 엎드려 죄를 자백했다. 또 20년 간이나 말도 안 하고 지내던 자들이 일어나 서로 포옹하며 화해가 일어났다. 예배 마지막 찬송의 시간에는 모든 사람이 하나님의 강력한 임재에 압도되어 주저앉아 그 자리를 떠나지 않았다. 하나님의 영광에 취하여 그곳에서 하나님과 함께 계속 있고 싶어 했다. 놀라운 이 부흥의 역사는 이 장소에만 국한되지 않았고 그 지역 마을 곳곳에 퍼져나가 한 가족도 예외 없이 모두가 주님의 영광을 체험했다."

햇살이 따뜻하게 들어오는 그 작은 농가에서 그날 하나님의 손길이 거기 모인 우리의 마음을 만지고 계셨다. 그 방 한편에 아주 오래된 키보드가 보였다. 소리가 제대로 날까 조심스러웠지만 나는 다가가서 "바다같이 넓은 사랑이 여기 있네"(Here is Love vast as the ocean)를 연주하기 시작했다. 의외로 키보드 소리가 괜찮았다. 사람들은 노래를 부르기 시작했다. 몇 번을 불렀을까… 웨일스의 부흥을 간구하는 노래로 그 방을 가득 채우고 있었다. 200년 전 이 농가 부엌에서 일어났던 기적이 다시 일어날 것만 같았다.

"바다같이 넓은 사랑이 여기 있네"(Here is Love vast as the ocean) 찬송곡은 1904년 웨일스 대부흥 시기에 불렸던 "love song of Wales"로 웨일스 사람들이 그들의 언어로 부르는 애창곡이다.

농가 옆에는 시냇물이 있는데 바위에 둘러싸여 물결도 매우 세차게 흐르고 있었다. 차가운 공기가 매우 싱그러웠다. 그림과 같이 아름다운 북 웨일스의 자연 속에서 누리는 복된 하루였다.

Here is Love(Dyma Gariad fel y moroedd)

Here is love, vast as the ocean,
loving-kindness as the flood,
when the prince of Life, our ransom,
shed for us His precious blood.
Who His love will not remember?
Who can cease to sing His praise?
He can never be forgotten throughout
heaven's eternal days.

Beddgelert – North Wales

44.
헤른후트

헤른후트(Herrnhut)라는 마을은 오늘날 체코에 해당되는 모라비아 지방이었으나 동독의 영토로 바뀌었다. 종교 탄압의 구속에서 벗어나 신앙의 자유를 찾아 모라비아 크리스천들이 동독인 친첸도르프(Zinzendorf, 1700-1760) 백작의 영지에 정착하게 된 마을이 헤른후트이다.

경건을 실천하는 공동체 '형제회'(Brüdergemeine, 1727)가 형성되었고, 1729년 성령 강림을 체험하면서 "서로를 사랑하라"는 극적인 변화가 이들 공동체에 일어났다.

그 이후 하루 24시간 내내 끊이지 않고 진행된 기도 모임은 100년 이상 지속되었고, 선교를 나가면 다시는 돌아오지 않는다는 신념으로 생명을 바쳐 헌신된 선교를 한 모델이 된 공동체이다.

모바일팀 청년들과 함께 자동차로 우리가 사는 마을 Llanelli를 아침 6시에 떠나서 런던 히스로(London Heathrow) 공항을 거쳐 베를린 테겔(Berlin Tegel) 공항에 도착했다. 미국 애틀랜타(Atlanta)에서 온 동생과 뒤셀도르프(Düsseldorf)에서 온 바이올리니스트 성금 자매도 공항에서 만나서 같이 폴란드 아우슈비츠(Auschwitz) 여행 길에 올랐다. 15명이 두 대의 밴 렌터카로 헤른후트(Herrnhut)에 밤 12시가 되어 도착하여 예약된 독일 시골집 세 채에 나뉘어 3박 4일 동안 머물렀다.

아침에 일어나보니 공기가 맑고 분위기가 평화롭고 아름다웠다. 마을 길가에는 사과도 주렁주렁 달려 있었다. 작년 8월 이맘때 무척 더웠다는데, 올해는 꽤 쌀쌀했다. 집 주인 아저씨가 곳간으로 데려가더니 자기가 기르는 큰 갈색 토끼들을 자랑스럽게 보여준다. 토끼를 식용으로 길러서 판다고 한다. 유럽 사람들은 토끼 고기를 잘 먹는다. 닭고기와 비슷한 맛으로 부드럽다.

헤른후트(Herrnhut)라는 마을은 오늘날 체코에 해당되는 모라비아 지방이었으나 동독의 영토로 바뀌었다. 종교 탄압의 구속에서 벗어나 신앙의 자유를 찾아 모라비아 크리스천들이 동독인 친첸도르프(Zinzendorf, 1700-1760) 백작의 영지에 정착하게 된 마을이 헤른후트이다. 경건을 실천하는 공동체 '형제회'(Brüdergemeine, 1727)가 형성되었고, 1729년 성령 강림을 체험하면서 "서로를 사랑하라"는 극적인 변화가 이들 공동체에 일어났다.

그 이후 하루 24시간 내내 끊이지 않고 진행된 기도 모임은 100년 이상 지속되었고, 선교를 나가면 다시는 돌아오지 않는다는 신념으로 생명을 바쳐 헌신된 선교를 한 모델이 된 공동체이다.

아침에 헤른후트(Herrnhut) 시내에 있는 모라비안(Moravian) 교회에서 주민 성도들과 매일 드리는 정오 예배를 함께 드렸다. 장식이나 치장이 전혀 없이 설교와 모임에 집중하도록 꾸며진 흰 벤치의 예배당은 검소하고 경건한 삶을 살아간 모라비안의 신앙의 흔적을 보여주고 있었다. 울리(Ulli)라는 젊은 독일 여성이 가이드가 되어 친첸도르프 백작과 모라비안들이 묻힌 공동묘지로 인도했다.

수많은 직사각형 돌비석이 나란히 풀밭에 뉘여 있었다. 소박한 비석에는 집으로, 본향으로 돌아갔다고 새겨져 있었다. 이 세상에서 나그네의 삶을 살아감을 직감하게 했다. 그 옆에 세워져 있는 높은 전망대에 계단으로 올라가 보니 녹색의 초장이 눈앞에 넓게 펼쳐져 있었다. 바로 그 지점이 폴란드(Poland)와 체코(Czekoslavakia)의 국경이 보이는 곳이었다.

동독에 속해 있던 이 평화롭기만 한 마을도 나치 정권 아래 홀로코스트의 잔혹함을 목도한 아픈 상처를 지니고 있었다. 2차 대전 당시, 모라비안 경건주의자들은 자신과 마을을 보호하고자 유대인 학살을 보면서도 침묵하며 등을 돌렸다고 한다. 그것으로 인해 오랜 세월 동안 독일 크리스천은 해결하지 못한 커다란 죄책감으로 괴로워했으며 그 일은 이들에게 큰 수치로 남았다고 한다.

45.
홀로코스트

독일인은 유대인 앞에 엎드려 눈물을 흘리며 자기 민족의 죄를 용서해주기를 구했다. 기름과 붉은 포도주가 땅에 부어질 때, 반세기 전에 그 땅에 묻힌 무고한 자들의 피의 소리가 들리는 듯했다.

아우슈비츠에서 사람들이 억울하게 죽어나갈 때 하나님은 어디 계셨는가? 홀로코스트 당시, 대부분의 기독교 교회는 선한 사마리아인 비유의 제사장과 레위인처럼 강도를 만나 죽어가는 자를 피하여 지나갔다(눅 10:30). 고개를 돌려 다른 쪽을 보면서 걸어갔다. 언약백성인 유대인의 고통 소리에 세상은 귀를 막고 외면했던 것이다.

2014년 8월 21일부터 24일까지 폴란드 아우슈비츠(Poland, Auschwitz)에서 "From Holocaust to Living Hope"가 열렸다. 개년 이맘때 열리는 이 콘퍼런스는 유대인 학살에 무관심했던 기독교 교회가 회개하며 죽음과 공포의 땅이었던 오스비엥침(Oswiecim, 아우슈비츠는 독일 나치가 붙여준 이름이다)을 축복하고, 언약 백성인 이스라엘에게 용서를 구하며 화해하고자 하는 모임이다.

말로만 듣던 끔찍한 홀로코스트(Holocaust) 현장을 가고자 수개월 동안 홀로코스트에 관한 자료, 다큐멘터리를 보면서 마음의 준비를 하며 기도했다. 자동차를 타고 160만 명이 죽어간 아우슈비츠(Auschwitz)로 향하는데, 어둠 속으로 끌려가는 듯 두려움이 밀려왔다.

올해로 17번째 열리는 콘퍼런스에는 세계 각지에서 온 강사들을 통해 이스라엘의 회복에 대한 강의와 기도회로 진행되었다. 나는 23일 저녁 콘서트에서 연주하게 되었다. 모든 강의는 폴란드어, 영어, 독일어로 동시 통역되었다.

콘퍼런스 둘째 날에는 Auschwitz-Birkenau 나치 수용소의 현장, 노동자와 비노동자(어린이, 노약자, 장애인, 집시)로 나뉘는 기찻길(Selection Point)을 향해 말없이 행진했다.

그곳에서 우리는 성만찬에 참여하였다. 독일인은 눈물을 흘리며 유대인 앞에 엎드려 자기 민족의 죄를 용서해주기를 구했다. 기름과 붉은 포도주가 땅에 부어질 때, 반세기 전에 그 땅에 묻힌 무고한 자들의 피의 소리가 들리는 듯했다.

아우슈비츠에서 사람들이 억울하게 죽어 나갈 때 하나님은 어디 계셨는가? 홀로코스트 당시, 대부분의 기독교 교회는 선한 사마리아인 비유의 제사장과 레위인처럼 강도를 만나 죽어가는 자를 피하여 지나갔다(눅 10:30). 고개를 돌려 다른 쪽을 보면서 걸어갔다. 언약 백성인 유대인의 고통 소리에 세상은 귀를 막고 외면했던 것이다.

콘퍼런스 셋째 날 저녁, 오스비엥침(Oswiecim) 음악학교 강당에서 음악회가 열렸다. 동유럽에서 많이 쓰이는 체코에서 제조된 Petrof라는 피아노로 연주해야 하는데 건반이 무척 무거웠고 연주하기 힘든 피아노였다. 그곳은 수십 년에 걸친 죽음의 세력과 싸우는 전쟁터였을까? 나를 억누르는 무거운 세력이 느껴졌다.

시편 18편 34절의 말씀이 실감났다. "내 손을 가르쳐 싸우게 하시니 내 팔이 놋활을 당기도다." 무척 힘든 연주였다. 그러나 나의 만족도와 하나님의 역사하심은 일치하지 않을 때가 많다. 콘서트를 마감하면서 바이올리니스트 성금 자매를 무대로 불렀다. 이스라엘 국가 "하티크바"(Hatikvah, 희망이라는 뜻의 히브리어)를 바이올린과 같이 연주하기 시작했다. 그러자 사람들이 모두 일어났다.

"이 마음에 유대인의 영혼이 여전히 갈망하는 한

저 멀리 동방의 끝을 향하여
시온을 향하여 바라보고 있는 한
우리의 희망은 아직 사라지지 않았네.
2천 년간 이어져 온 그 오랜 희망은
우리의 땅에 속박없는 나라를 세우리라는 그 희망
시온과 예루살렘의 그 땅에."

이 애절한 이스라엘 국가가 사람들의 감동적인 목소리로 오디토리움을 가득 채웠다. 열방의 민족들이 이스라엘의 회복을 향하여 한마음, 한목소리로 아우슈비츠의 어두움을 깨고 있는 듯했다.

그날 독일 다름슈타트(Darmstadt)의 '기독교마리아자매회' (Evangelical Sisterhood of Mary) 대표인 요엘라 크루거(SisterJoela Kruger)가 연주가 끝난 후 나에게 다가와서 자신의 감동을 나누어 주었다.

"오늘의 연주를 들으면서 당신과 나, 우리는 예수를 향하여 동일한 하나의 목표를 가졌다는 것을 강력하게 느꼈어요. 연주는 바로 예배였습니다."

크루거는 자신의 저서 《돌을 제하라》(Remove the Stone, East Wind)에서 수년 전 아우슈비츠를 방문하면서 받은 충격을 이렇게 묘사하고 있다.

"그 잔혹함과 사악함에 소리 지르고 울고 싶어도 반응할 수도 없는 충격에 사로잡혔다."

그는 "엘리 엘리 라마 사박다니"(나의 하나님, 나의 하나님, 어찌하여 나를 버리셨나이까?)라고 울부짖는 예수의 가장 고통스러운 십자가 상의 목소리를 들었다고 한다.

그다음 날, 콘퍼런스 마지막 날, 체코와 경계를 이루는 치에친(Cieszyn)이라는 도시에서 또 한 번의 콘서트를 했다. 치에친은 하나의 도시가 폴란드와 체코로 나뉘어 있다고 한다. 오순절 교회로 꽤 규모가 있는 현대식 교회당에서 연주를 했는데, 피아노는 오래되었지만 Steinway Grotrian으로 연주하기 좋았다.

사실 전날 큰 이벤트였던 콘서트를 마치고 에너지가 다 빠져 있는 상태였다. 하나님의 도우심만을 기대할 수밖에 없었다. "여리고 성의 함락으로 자만하며 아이 성 앞에서 마음이 해이해진 이스라엘 군대를 기억하자"라고 하면서, 동행한 모바일 팀과 합심하여 기도하는 시간을 가졌다. 내 힘이 모두 고갈되었을 때, 하나님께서 어떻게 역사하실지 두려움으로 기대했다.

그날 밤 나의 연주는 성령께서 나를 통해 피아노 건반으로 말씀하시는 연주였다. 피아노 앞에 앉자, 나도 모르는 힘과 능력이 부어짐을 느꼈다. 선교지에서는 하나님께서 강권적으로 부으시는 특별한 은혜가 있다.

그다음 날, 이스라엘로 향하는 도바일팀과 잠시 작별하고 우리 셋 (동생, 남편과 나)은 렌터카로 비엔나를 방문하기 위해 폴란드 크라코브(Krakow Auschwitz의 옆 도시)를 떠났다. 같이 동행한 동생 영자는 비엔나에서 호텔경영학교를 다녔고 결혼한 후 남편과 함께 여러 해 동안 비엔나에서 살았다.

슬로바키아(Slovakia)를 경유하면서 온천 마을 라이케(Rajke)에서 며칠 동안 쉬었다. 동화 같은 이 마을의 호텔은 아담하고 음식도 좋았으며, 오랜만에 야외 온천에서 수영도 하니 피로가 많이 풀렸다. 다만 지난 주일 치에친(Cieszyn)에서 저녁 콘서트 이후로 피아노 연습을 못한지라 좀 불안해졌다. 호텔 안내원에게 이 마을에 피아노가 있는지 물어보니 바로 우리가 식사하는 곳의 작은 옆방 구석에 피아노가 있었다.

'하나님은 나의 필요를 너무나 잘 아시는구나!'

창고 같은 작은 방에 들어가서 작은 소리로 피아노 연습을 하니 마음이 좀 놓였다.

주 달려 죽은 십자가

selection point   With Sister Joela Kruger

Concert

46.
FESTIVAL of LIFE - 폴란드

나의 느낌이나 생각은 중요한 게 아니다. 순종할 때 하나님은 직접 일하신다.
우리는 씨를 심고 물을 뿌리는 자요, 거두시는 분은 하나님이심을 기억하자.

2014년 9월 5일부터 7일까지 폴란드 카토비체(Katowice)와 크라코브(Krakow)에서 등유럽 전체에 방영되는 대형 집회가 열렸다. 폴란드는 가톨릭 국가인데 두 도시에서 10만 명 이상을 대상으로 개최되는 개신교의 전도집회였다. 600대 이상의 버스가 야외 집회장인 슬라스키(Slaski) 공원으로 몰렸다. 집회를 주관하는 유로비전(Eurovision)의 영국 부흥사 헤서웨이(David Hathaway)는 80세가 넘었음에도 전도에 대한 열정이 놀랍도록 뜨겁고 활기가 있었다. 프레스 콘퍼런스(Press conference)로 기자들도 왔다갔다 하면서 부산하게 준비하는 가운데 모두가 흥분되고 긴장된 분위기였다.

　카토비체 극장으로 리허설을 하러 갔는데 무대에 피아노는 없고 빨간 키보드만 있었다. 복도에는 오래되고 조율도 안 된 Bechstein grand piano가 있었으나 스테이지 매니저(Stage manager)는 피아노 사용에 대해서는 모른다고 했다. 당연히 폴란드 극장에는 좋은 피아노가 있을 줄 알았으나 기대에 완전 어긋났다. 실망스럽고 난감했으나 상황이 주어지는 대로 따라야 함을 알고 순순히 받아들였다.
　VIP Room에서 헤서웨이를 만났다. 영국의 유명한 부흥사인 그가 무척 긴장된다고 했다. 그러면서 자신을 위해 기도해 달라고 부탁했다. 겸손보다 더 큰 미덕은 없다.

　첫날 카토비체 극장의 저녁 집회가 잘 끝났고 많은 사람들이 하나님 앞으로 나왔다. 첫 집회는 밤 10시가 넘어서 끝났다. 그리고 밤늦게 공원 야외 집회장으로 갔다. 그다음 날 야외 집회의 리허설을 하기 위함이었다. 이번 집회는 웨일스의 오페라 가수 휴 프라이데이(Priday)와 울렛(Elizabeth Woollett)이 같이 공연한다. 이들 부부와는 웨일스에서 절친하게 지내면서 같은 비전을 가지고 자주 함께 공연했다.

　수많은 사람들이 왔다갔다 하는 대형 야외 집회에서 집중하여 연주하는 것 그 자체가 상당한 도전이었다. 낮 시간과 저녁 시간에 두 차례 연주가 있었다. 기술팀은 개별적으로는 훌륭했지만 서로 의 사소통이 잘 안 되어서 방송 문제로 연주가 지연되기도 하고 잡음도 나는 등 방해 요소가 꽤 있었다. 그러나 하나님께서 일하실 때 방해가 없을 수 없다는 것은 많이 겪어보았다.

나의 느낌이나 생각은 중요한 게 아니다. 순종할 때 하나님은 직접 일하신다. 우리는 씨를 심고 물을 뿌리는 자요, 거두시는 분은 하나님이심을 기억하자.

셋째 날 일요일 마지막 집회는 크라코브 오페라 극장에서 열렸다. 드디어 23일간의 대장정 폴란드 여정을 마감했다. 그다음 날 쇼팽의 도시인 바르샤바(Warsaw)를 거쳐 런던으로 돌아왔다.

Festival of Life

동유럽 대형집회

47.
비엔나

빈 아카데미를 졸업하고 미국에 와서 줄리어드로 갈 생각이었으나, Stony Brook에 있는 뉴욕주립대에서 록펠러 장학금을 받고 방향을 바꾸게 되었다. 내가 만약 그때 줄리어드로 갔다면 인생길의 진로도 바뀌었겠지…. 그러나 나를 가장 잘 알고 계신 하나님은 최선의 길로 나를 인도하셨으리라 믿는다.

비엔나는 1967년부터 1972년까지 공부한 곳이다. 그 이후 42년 만에 처음 오게 되었다. 갑자기 큰 도시에 오니 정신이 없었다. 8월의 비엔나는 학교도 다 닫고 관광객으로 온통 붐비고 있었다. 옛날 내가 다니던 비엔나 음대(Wien Akademie) 건물이 로트링거(Lothringer Strasse) 거리에 여전히 같은 모습으로 변함없이 서 있었다. 42년 전

비엔나를 떠나기 전날 디힐러(Josef Dichler) 교수와 학교 정문 앞에서 사진을 찍었던 기억이 난다.

나는 서울사범대학 부속 국민학교를 나와서 가톨릭 학교인 성심여자중고등학교를 다녔다. 1966년 고등학교를 졸업한 직후 동경 우에노예술학교에서 수학하였고 그다음 해에 비엔나로 유학을 결정하였다. 그때 마침 비엔나 아카데미를 졸업하고 귀국하는 신수정 선생을 동경에서 만났다. 그분의 추천으로 자신의 스승 디힐터(Josef Dichler) 교수(1912-1993)를 소개받았다. 학기를 시작하면서 매달 새로운 레퍼토리를 연주하고 배우며 디힐러 교수님으로부터 정통 비엔나 클래식을 배웠다. 교수님은 제자들과 자주 모여 음식도 같이 먹고 좋은 시간을 종종 가지곤 했는데, 교수님은 때로는 아버지 같고, 때로는 친구 같은 분이셨다.

성심학교는 프랑스에서 시작된 Sacre Coeur 수녀회에서 운영하는 국제 교육기관이다. 비엔나에는 Sacre Coeur studentinnenheim이라는 여학생을 위한 기숙사가 있다. 성심 졸업생이라는 연줄로 들어가기 힘든 이 기숙사에 들어갈 수 있었다.

지하실에는 방음 시설이 된 작은 연습실이 8개가 있었다. 나는 Bösendorfer 그랜드 피아노를 렌트하여 6년간 그곳에서 연습하며 수많은 시간을 보냈다. 지하실 가장 끝 연습실에서는 지금 세계적인 피아니스트가 된 미츠코 우치다가 늘 연습하고 있었다. Musik

Akademie(후에 Musikhochschule로 학교 이름이 바뀜)는 걸어서도 15분이면 갈 수 있는 거리였고 추운 날은 71번 전차를 타고 다녔다.

학기가 10월에 시작되는데 5월부터 시작되는 여름 방학이 아주 길다. 1969년 여름부터는 매년 미국 필라델피아에서 6주 동안 열리는 Temple Music Festival에 장학생으로 가게 되었다. 그곳에서 줄리어드 교수 Sasha Gorodnitzki와 Adele Marcus에게 사사했다.

매년 여름 Temple 뮤직 캠프가 끝나면 보스턴(Boston) 근교인 플리머스(Plymouth)에서 친구 크리스틴과 같이 지냈다. 플리머스는 유럽에서 종교의 자유를 찾아 건너온 필그림의 배가 처음으로 도착한 역사적인 작은 항구마을이다.

크리스틴은 비엔나에서 만나 친구가 된 비올라 연주자이다. 크리스틴의 아버지는 플리머스의 오래된 가정학과 의사인데 너무나 마음이 좋은 분이셨다. 여름이면 가족이 근처 호숫가에 지은 소박한 별장에서 지내고 있었다. 나도 호수에서 수영도 하고 말도 타보고 피아노도 치면서 참 즐거운 여름 휴가를 보냈다.

뮤직 캠프에서 만난 피아니스트 유경이는 내가 미국에 있는 동안 얼마나 잘 돌보아주었는지 모른다. 롱아일랜드 집에 머물면서 당시 대학원생이었던 지금의 남편을 만났다. 빈 아카데미를 졸업하고 미국에 와서 줄리어드로 갈 생각이었으나, Stony Brook에 있는 뉴욕주립대에서 록펠러 장학금을 받고 방향을 바꾸게 되었다. 내가 만약 그때 줄리어드로 갔다면 인생길의 진로도 바뀌었겠지…. 그러나 나를 가장 잘 알고 계신 하나님은 최선의 길로 나를 인도하셨으리라 믿는다.

Part 6

쓰나미

48. 후쿠시마
49. 겟세누마
50. 연길
51. 북경
52. 몽고
53. 타이완
54. 카자흐스탄
55. 북한을 사랑하는 사람들

48.
후쿠시마

내가 만난 후쿠시마 사람들은 지진 진도 9.0의 거대한 해일을 순식간에 당한 것이다. 끔찍한 죽음으로 사랑하는 가족과 생이별하고 살아남은 자들이었다.

사토 목사는 그의 저서에서 "모든 것이 무너지고 모든 것을 잃은 것 같았지만, 우리의 교회는 살아 있었다"라고 고백한다. 하나님을 향한 믿음이 절망 속에서 이들을 다시 일으켜주었다.

2013년 11월, 66세를 맞이하는 내 생일에 가와사키 쇼우타이 교회(조남수 목사님 담임)에서 연주회를 하게 되었다. 지난 3월에 이어 두 번째 방문인데 교회당이 거의 차도록 많은 사람이 왔다. 지난번 교제했던 낯익은 얼굴들이 반가이 맞이해주었다. 연주회가 끝나면서 온 관중이 꽃다발과 노래로 생일을 축하해주었다. 지난 3월 연주회에 처음으로 왔던 젊은 엄마는 그 후로 계속 예배에 참석한다고 했다. 생전 처음 교회에 왔다는 중국 자매도 만났다. 말로 전도하기 힘들 때 음악이 전도한다.

내일은 아침 일찍 원전 사고 현장인 후쿠시마로 간다. 이번 여행은 쓰나미 2주년을 기억하기 위한 후쿠시마 지역 순회 연주회를 위하여 오게 되었다. 우에노 역에서 후쿠시마 이와키 행 특급열차를 탔다. 통역을 위해 마이카 자매가 나와 동행했다. 오전 10시에 이와키 역에 도착하니 젊은 부목사와 사모가 마중 나와 기다리고 있었다.

자동차로 5분 정도 가니 교회가 보인다. 《기적의 무대가 된 교회》(두란노서원)라는 책으로 한국 독자들에게도 잘 알려진 사토 아키라 목사가 담임하는 후쿠시마 다이이치 교회이다.

2011년 3월에 일어난 동일본 대지진으로 제1원전에서 5km 거리에 위치한 교회당과 주변이 무너지면서, 삽시간에 교회는 폐쇄되고, 가족은 생이별했으며, 맨손으로 집에서 나와 필사적으로 달아났다고 한다.

머물 곳이 없어진 사토 목사는 70여 명의 성도와 같이 일본 이곳저곳을 전전하며 2년에 걸친 유랑 생활 끝에 방사능에 오염되어 출입금지된 교회가 있던 60km 지점에 아담한 교회당을 새롭게 건축하였다. 사토 목사는 매일의 유랑 일지를 2년간 인터넷에 올리면서 온 세계의 주목을 받았고, 고난과 역경을 믿음으로 극복한 생생한 간증이 담겨진 교회의 모델이 되었다. 환난 가운데 희망을 전파한 교회의 리더십을 보여준 것이다.

사토 목사가 반가이 맞이해주었고, 새롭게 건축된 교회 곳곳을 보여주었다. 아침 예배에서 연주하고, 오후 2시에 콘서트를 했다. 믿지 않는 주민들도 많이 참석했다.

피아노라는 악기의 찬양이 일본인의 정서에 맞는 것 같다. 사토 목사님은 50대로 긴 머리에 예술가 같은 멋있는 인상을 주었다. 점심에는 교회에서 성도들과 교제하면서 잊을 수 없도록 맛있는 우동을 먹었다.

저녁에는 사토 목사님이 맛있는 저녁으로 대접해주셨다. 사람들에게 일본에 가면 생선은 절대로 먹지 말라는 경고도 받았지만 맛있게 먹었다. 그리고 아직 아무 탈이 없다. 호텔에는 온천이 있었다. 깨끗하고 조용했다. 목욕탕에서도 일본 사람은 예의바르고 조용했고, 조식도 맛있었다.

1966년부터 1967년까지 동경 우에노예술대학에서 유학하던 시절이 생각난다. 학생 시절이라 잘 먹었을 리가 없었겠지만 빈약했던 일본 음식으로 나는 늘 배가 고팠다. 그 후 비엔나로 갔는데 음식부터 아주 만족스러울 정도였다. 그런데 반세기 넘게 다시 와서 먹은 일본 음식의 푸짐함에 감탄하였다. 특히 일본 우동은 어딜 가나 정말 맛이 훌륭했다.

다음 날 아침, 사토 목사의 안내로 지금은 유령 도시가 된 원전 피해 지역에 들어갔다. 자동차 안에 세슘 측정기가 위험도 10배라고 가리킨다. 낮에만 자동차 통행이 허락되는 이 지역에는 아직도 무너진 전봇대, 무너진 집들, 집 속에 박힌 자동차들이 그대로 남아 있었다.

캘리포니아에 살 때 1989년 진도 7.4의 지진을 겪었는데 얼마나 큰 충격을 받았는지 아직도 트라우마로 남아 있다. 그런데 내가 만난 후쿠시마 사람들은 지진 진도 9.0의 거대한 해일을 순식간에 당한 것이다. 끔찍한 죽음으로 사랑하는 가족과 생이별하고 살아남은 자들이었다.

사토 목사는 그의 저서에서 "모든 것이 무너지고 모든 것을 잃은 것 같았지만, 우리의 교회는 살아 있었다"라고 고백한다. 하나님을 향한 믿음이 절망 속에서 이들을 다시 일으켜주었다.

자동차로 오가는 길에 작은 오두막 집들로 연결되어 있는 임시 난민촌이 즐비하게 보인다. 아직도 부목사 등 많은 사람이 그곳에 기거한다고 한다. 곳곳에서 세슘에 노출된 낙엽과 흙을 없애는 작업을 하는 이들이 보였다.

쓰나미가 지나간 지 3년 후 현장 후쿠시마 기차역에서
(왼쪽부터 사토 아키라 목사님, 조남수 목사님, 김애자)

49.
겟세누마

가족 7명 중에 5명이 죽고 아빠와 아들만이 생존한 가족도 만났다. 겉으로는 침착한 듯했지만 가슴은 얼마나 찢거지게 아팠을까! 어떻게 위로의 말을 해야 할지 참 난감했다. 동정의 말이 아니라 위에서 부어주시는 하나님의 사랑으로 안아주고 싶었다.

후지산을 바라보며 온천을 하고 하룻밤을 지내며 피곤을 풀었다. 후쿠시마의 겟세누마 토요일 연주를 위해 금요일 아침 일찍 5명의 일본인 준비위원과 조 목사님과 함께 신칸센을 타고 도쿄역을 떠났다. 이번 연주회를 위해 이들 준비위원은 벌써 여러 번 겟세누마를 다녀왔고, 그곳 시민 유지들과 모임을 가졌다고 했다. 일본인들의 철저한 준비에 감탄했다. 겟세누마의 처참한 피해 상황을 일일이 보고해 주었다. 이곳은 쓰나미로 온 도시에 화재가 났고, 1,400명이나 죽어간 도시이다.

겟세누마는 센다이보다 북쪽에 위치해 있었다. 신칸센에서 내려서 다시 조그만 기차로 갈아타고 2시간 가량 해안을 끼고 달렸다. 도착하자마자 역에서 택시로 피해 지역을 1-2시간 동안 시찰시켜주었다. 도시와 길들이 없어진 처참한 광경을 보았다. 박물관에는 폐허가 된 것들이 전시되어 있었다. 이런 처참한 일을 당한 자들에게 무슨 말로, 무슨 음악으로 위로할 수 있을까?

저녁에는 회식으로 도시 유지들과 여러 사람들이 같이했다. 가족 7명 중 5명이 죽고 아빠와 아들만이 생존한 가족도 만났다. 겉으로는 침착한 듯했지만 가슴은 얼마나 찢어지게 아팠을까! 어떻게 위로의 말을 해야 할지 참 난감했다. 동정의 말이 아니라 위에서 부어주시는 하나님의 사랑으로 안아주고 싶었다. 동네 리더급의 한 분은 겟세누마가 더 이상 피해 지역으로, 도움 받는 곳으로 취급되는 것이 싫다고 했다. 남에게 도움을 청하거나 도움받는 것을 싫어하는 일본인의 자존심을 보았다. 장례식에서도 눈물을 보이지 않는 민족이라고 한다.

그다음 날, 콘서트 준비에 60여 명이 자원봉사자로 일한다고 했다. 사람마다 목에 배지를 걸고 있었는데 자세히 보니 알아보기 힘든 내 얼굴 사진이었다.

좀 민망했지만 일본인의 철저한 준비에 다시금 놀랐다. 수십 명으로 구성된 겟세누마 합창단이 두 곡을 부르며 연주회를 시작하였다. 99%가 믿지 않는 관객이라고 보고를 받고는 무슨 곡으로, 어떤 간증을 해야 할지 몇 달 동안 기도하며 준비했다.

"거룩 거룩 거룩"으르 연주가 시작될 때 하나님의 거룩함이 그 자리를 채우고, 사람들의 마음을 위로하며 만져주고 있었다. 대부분의 관객이 불신자였자만, 믿는 자같이 열정적으로 반응하였다. 콘서트 피날레로 겟세누마 측에서 미리 부탁했던 "흐루사토(고향)", "우에오 무이테 아루오"(위를 향해 걸어라)를 겟세누마 합창단과 함께하였다.

온 관중이 한 소리로 손에 손을 잡고 온 맘을 다해 노래하는 모습은 정말로 큰 감동이었다. 모든 것이 다 무너진 것 같았으나 그들은 희망을 잃지 않았다. 나는 그때 1993년 공산체제가 무너진 직후 러시아의 대형 집회에서 혼란과 가난 속에서 그들을 도와주실 하나님을 간절하게 찾는 러시아인들의 모습이 기억났다.

겟세누마 사람들은 헤어지기 섭섭하다며 일렬로 서서 두 줄로 터널을 만들어 나를 환송해주었다. 그들은 나에게 다시 와달라고 했다. 상상하기도 힘든 재앙을 당한 이들에게 찬양은 희망과 위로를 선사했다.

그다음 날 요코하마에 99년 된 Holiness 교회에서 마지막 연주회를 하면서, 드디어 열흘 간의 일본 일정이 끝났다. 강행군의 스케줄이었지만 일본과 일본인, 그리고 일본을 향한 하나님의 마음을 조금 더 알아가는 참으로 의미있는 시간이었다.

 1966년부터 1967년까지 동경 우에노예술대학에서 피아노를 공부했던 시절이 생각났다. 50여 년이 지난 후 이제는 학생이 아니라 그리스도의 증인으로 바뀐 신분으로 다시 찾을 수 있었던 시간들이 감사하고 감격스럽다.

Holy Holy Holy

겟세누마 콘서트 포스터

50.
연길

가난하고 핍박받는 자들의 삶을 부요케 하기 위해 자신의 안락과 생명까지도 내어놓은 사람들… 이름도 빛도 없이 북한을 가슴에 품고 살아가는 자들이었다. 여러 날을 수련회 장소에서 함께 먹고 자고 예배하며 찬양하면서 우리는 한 가족처럼 가까워졌다.

'무엇이 그들로 하여금 아낌없이 자신의 생명을 내어놓게 한 것일까?'

내려놓음에 대해 깊이 생각해 보는 충격의 시간이었다.

중국 연길에 다녀왔다. 오대원 목사님의 말씀, 함철훈 사진작가의 빛, 그리고 피아니스트의 소리가 같이 하는 3+1 프로그램을 통해 중국에 거주하는 선교사들을 위로하기 위해 방문하기로 했다.

12월 겨울의 연길 공항에 내리니 정말로 살을 에는 듯한 추위가 느껴졌다. 자동차로 도시에 들어가니 연기와 매연 냄새가 코를 찔렀다. 무연탄이 아니라 유연탄을 태우기 때문이라고 한다. 얼어붙은 길로 미끄러지면서 가는 자동차가 위태롭기만 했다.

연길의 겨울은 너무나 추웠다. 길가에서 사람들이 양을 도살하고 있는 끔직한 장면이 보였다. 양의 피로 붉게 물든 길….

여러 나라에서 오신, 북한을 사랑하여 섬기는 선교사들을 만났다. 가난하고 핍박받는 자들의 삶을 부요케 하기 위해 자신의 안락과 생명까지도 내어놓은 사람들… 이름도 빛도 없이 북한을 가슴에 품고 살아가는 자들이었다. 여러 날을 수련회 장소에서 함께 먹고 자고 예배하며 찬양하면서 우리는 한 가족처럼 가까워졌다.

'무엇이 그들로 하여금 아낌없이 자신의 생명을 내어놓게 한 것일까?'

내려놓음에 대해 깊이 생각해 보는 충격의 시간이었다. 그리고 계속 생각하게 되었다. 채우기 위해서는 먼저 비워야 한다고…. 이들의 삶을 보면서 진정한 선교가 무엇인지 좀 알 것 같았다. 나도 진정한 선교의 삶을 살겠다고 다짐해본다.

이제 내려놓음의 첫발을 내딛는 여정의 시작인 것일까?

51.
북경

> 놀랍게도 성도들이 정말로 큰 감동을 받았다. 어떻게 낡은 키보드로 그런 감동이 전달되느냐고 하면서, 피아니스트가 피아노도 아닌 키보드로 전심을 다해 연주하는 모습에서 더욱 큰 감동과 은혜가 되었다고 했다.
> 열악한 상황을 불편해했던 나 자신을 돌아보면서 마음에 찔림이 있었다. 결국 나는 여기서 또 배웠다. 참고 순종했을 때 하나님은 직접 개입하시고 그분이 일하시는 기적을 보게 하신다.

북경에 가는 날이다. 새벽에 일어나서 택시를 타고 인천공항에 가는데 영 마음이 기쁘지 않다. 북경 21세기교회에 대해서는 좋은 소문을 많이 들어서 당연히 좋은 피아노가 있으리라 믿었다. 그런데 가겠다고 통보한 며칠 후 예배 장소에 아주 낡은 업라이트(upright)

피아노밖에 없다는 사실을 알게 되었다. 나는 가지 않겠다고 이틀을 버텼는데 비자, 비행기표 구매 등 모든 준비를 진행시킨 남편이 안되어 보여서 가기로 마음을 바꿨다.

떠나던 날 아팠던 치아에 다시 통증이 시작되었고, 하루 종일 여행에 시달리면서 진통제로 견뎠다. 도착하자 곧바로 주일마다 예배드리는 호텔로 가보았다. 그곳에는 정말로 낡은 피아노와 오래된 키보드가 있었다. 먼길을 왔는데 몸도 아프고 정말 짜증이 났다. 비행기 표만 있으면 당장 돌아가고 싶었다. 교회가 평상시 사용하는 교회 건물은 참 좋았다. 거기에는 좋은 그랜드 피아노도 있지만 주일 예배는 그 건물에서 허용이 안 되고 호텔에서만 예배가 허용된다고 한다.

밤 9시에 그 피아노를 호텔 예배당으로 옮기자고 하여 운반하는 중국인들이 몇 사람 왔는데 그랜드 피아노를 운반하는 방법을 전혀 모르고 있었다. 그랜드 피아노는 먼저 다리 셋을 뽑고는 옆으로 뉘어서 운반해야 하는데 무조건 피아노를 번쩍 들려고 하는 것이다. 피아노가 부서질 것 같아 포기한 후, 너무 피곤하여 숙소로 가서 잤다. 이러한 상황에서도 피곤이 겹쳤는지 밤에 잠을 잘 잔 것이 기적 같았다. 거짓말처럼 치통도 없어졌다.

그날 주일 아침, 같이 동행한 사진작가 함철훈 선생님의 '빛'의 말씀과 나의 연주로 2, 3부 예배와 4부 청년 예배까지 드렸다. 기대한 것보다 이상할 정도로 키보드 소리가 괜찮았다. 그런데 놀랍게도 성도들이 정말로 큰 감동을 받았다. 어떻게 낡은 키보드로 그런 감동이 전달되느냐고 하면서, 피아니스트가 피아노도 아닌 키보드로 전심을 다해 연주하는 모습에서 더욱 큰 감동과 은혜가 되었다고 했다.

열악한 상황을 불평했던 나 자신을 돌아보면서 마음에 찔림이 있었다. 결국 나는 여기서 또 배웠다. 참고 순종했을 때 하나님은 직접 개입하시고 그분이 일하시는 기적을 보게 하신다.

북경은 거대하고 번잡한 대도시로 자본주의 사회같이 보이지만 공산체제의 많은 통제가 있다고 한다. 형식상 신앙의 자유가 허용되지만 2명 이상 모이는 집회는 허가를 받아야 한다. 교회가 자체 건물이 있음에도 불구하고 주일에는 허가를 받아 거액을 지불하면서 호텔에서 예배를 드리고 있었다.

그날 저녁 조 장로님이 운영하시는 음식점 "전주관"에서 훌륭한 식사를 대접받았다. 식사 후 중국 마사지를 받으며 긴장과 피로를 풀었다. 내 맘에 맞지 않아 불편하고 나에게 손해가 있는 것 같아도 주님이 "가라" 하시면 순종해야 된다는 것을 다시 배운다.

'내 얄팍한 머리로 계산하지 말자. 그럴 때 주님이 일하신다.'

"…만군의 여호와께서 말씀하시되 이는 힘으로 되지 아니하며 능력으로 되지 아니하고 오직 나의 영으로 되느니라"(슥 4:6).

52.
몽골

한 목자가 조그만 망아지를 데리고 나오더니, 나에게 주는 선물이라고 한다. 이마에 백색 십자가가 있는 귀여운 새끼말이었다. 고맙지만 지금은 가지고 갈 수가 없으니 대신 잘 길러달라고 부탁했다. 무척 정다운 소박하고 순박한 사람들이다.

발로 거침돌들을 짚어가며 맑은 시냇물을 건너기도 했다. 하나님의 지시에 순종하여 본토 아버지 집을 떠나 유목민의 삶을 살았던 아브라함의 여정을 생각해본다.

'주님은 이제 나를 어디로 가라고 하실까?'

설레는 마음으로 인도하심을 기다린다. 순례자의 길은 계속된다.

2009년 8월, 어두워서야 몽골 울란바토르 공항에 도착했다. 밴을 타고 비포장 도로를 달려서 수련회 장소에 갔다. 여름인데도 비바람이 몰아치면서 무척 추웠다. 딱딱한 이층 침대가 있는 방을 배정받았다. 그런데 실내에는 화장실이 없단다. 재래식 화장실이 바깥에 있는데 전기가 없어 깜깜하며 그냥 알아서 해결해야 한다. 밖에 나가서 졸졸 나오는 우물에서 세수를 했다. 밤중 내내 너무 추워서 파카를 입었는데도 잠을 잘 수가 없었다.

그다음 날 아침, 바람이 세게 부는데 아침 공기가 아주 신선해서 좋았다. 몽고 사람들과 같이 예배를 드렸다. 게르 안의 화로를 둘러싸고 그들과 함께 따뜻한 시간을 보냈다.

울란바토르 시너에 있는 선진호텔에서 정부 요인들이 초청된 만찬과 연주가 있었다. 인천 온누리교회가 마련한 "몽골 Love Sonata"에 초청되어 가게 된 것이다.

그곳에서 만난 콩골 국무총리 실장의 초청으로 다음 날 아침 시내에서 약 35km 떨어진 초원에 갔다. 끝없이 펼쳐진 광대한 몽골의 초원에서 말, 염소, 양, 소들이 평화스럽게 풀을 뜯어먹고 있다. 풀을 다 먹으면 목자가 자기들이 살던 천막을 거두어서 풀이 있는 곳으로 동물과 같이 이동한다. 그래서 유목민이다. 햇빛과 바람에 까맣게 그을린 목자들을 만났다. 우리에게 '아이락'이라는 발효된 말우유를 사발에 담아준다. 시큼한 맛이 괜찮다. 한국의 막걸리 맛이라고 할까?

한 목자가 조그만 망아지를 데리고 나오더니, 나에게 주는 선물이라고 한다. 이마에 백색 십자가가 있는 귀여운 새끼말이었다. 고맙지만 지금은 가지고 갈 수가 없으니 대신 잘 길러달라고 부탁했다. 무척 정답고 소박하며 순박한 사람들이다.

발로 거침돌들을 짚어가며 맑은 시냇물을 건너기도 했다. 하나님의 지시에 순종하여 본토 아버지 집을 떠나 유목민의 삶을 살았던 아브라함의 여정을 생각해본다.

'주님은 이제 나를 어디로 가라고 하실까?'

설레는 마음으로 인도하심을 기다린다. 순례자의 길은 계속된다.

몽골 초원

53.
대만

사실 나도 그 당시 힘든 과정의 약 복용이 끝나자마자 여행을 떠나는 것이라서 가장 더운 여름에 무더운 나라로 간다는 사실로 인해 많이 망설였다. 그러나 주님은 늘 그러하시듯이 먼저 순종하여 발걸음을 내딛었을 때 복된 길을 열어주신다는 것을 또 한번 경험하게 하셨다. 물이 넘치는 요단 강을 갈라서 이스라엘 백성들로 하여금 건너가게 하는 구절이 생각난다(여호수아 3, 4장). 주님은 내가 기대한 것보다 더욱 크게 기뻐하시고 복을 주셨다.

2015년 8월 17일부터 22일까지 대만에서 열리는 제1차 Grace Festival에 연주로 초청한다는 이계석 선교사의 이메일을 받았다. 좀 망설였지만 하나님의 부르심으로 생각되어 가기로 했다. 마침 Celebration for the Nations가 그 전 주일(8월 10-15일) 서울에서 열리므로 선선한 웨일스를 떠나 무더운 8월을 서울, 대만에서 보내게 되었다.

　서울에 도착하고 Celebration for the Nations가 개최되는 서대문에 있는 감리교신학대학 기숙사로 들어갔다. 원래 대학 게스트룸에 들어가기로 했는데 웬일인지 취소가 되었다. 기숙사 방에 들어가 보니 이불과 타월도 준비가 안 된 상태라 당황스러웠다. 그 길로 광화문에 사는 친구에게 담요를 빌려와서 그 밤을 넘겼다. 이층 침대의 윗층에서 자는데 어찌나 더운지 땀으로 온몸이 젖었다. 그다음 밤은 내가 아래층 침대에서 자고 남편은 바닥에 담요를 깔고 잤다.
　오자마자 그다음 날에 초청된 교회에서 간증과 연주를 하고 곧 열리는 열방대회에 참석하고 연주도 했다. 계속되는 일정으로 시차도 자연스럽게 해결되었다. 웨일스에서 만났던 찬양팀과 David Ross와 Ellen과의 재회도 반가웠다. 웨일스의 대석 형제가 한국에 나와 있었는데 한국을 방문한 영국 친구들과 토속촌 식당에 같이 가서 한참 긴 줄을 기다렸다가 드디어 땀을 뻘뻘 흘리며 삼계탕을 먹었다. 그날이 바로 말복이었다.

　8월 17일 아침에 짐을 싸서 대만으로 떠났다. 타이베이(Taipei) 공항에 내리니 GMI(Grace Mission International)라고 쓰여진 팻말을 가진 사람이 보였다. 우리 두 사람을 데리러 나온 것이다. 차를 타고 가 보니 Taiyoon에 있는 커다란 대학 건물이 보인다. 체육대학이라고 한다. 그곳 기숙사에서 페스티벌이 진행되는 기간 동안 머무르게 되었는데, 건물은 좀 오래된 듯하나 방도 크고 천정도 높고 특히 실링 팬(Ceiling Fan)이 있어서 무더위에도 시원하게 지냈다.

다음 날 아침 페스티벌이 시작되었다. 3,000여 명의 대만 교인들이 모두 노란색의 셔츠를 입고 커다란 강당에 모였는데 그 열기가 대단했다. 개막식이 아주 멋있게 진행되었다. 1993년 성 페테르부르크에서 올렸던 페스티벌 때 1만여 명의 러시안들이 대형 스타디움에 모두 같은 색깔의 셔츠를 입고 모여서 찬양하며 예배하던 장면을 연상시켰다. 23년 전 러시아에서 일어났던 성령의 역사가 지금 대만에서 재현되고 있다는 느낌이 들었다 기독교인이 아주 적은 대만에 복음의 돌길이 번질 것이라는 기대가 되었다.

점심과 저녁 식사로 모든 사람에게 도시락을 나누어주었는데 타이완 음식 맛이 참 좋았다. 대만에서는 집에서 요리하는 것보다 주로 이렇게 도시락을 사먹는다고 한다.

이번 페스티벌에 재정적으로 크게 헌신하는 왕 여사와 교제할 수 있었다. 그는 젊은 시절 영국에서 유학했다고 하면서 영국 선교에 큰 관심을 보였고, 웨일스 음악 미니스트리를 후원하고자 했다.

나는 페스티벌에서 두 번 연주를 했다. 연주 후에 기부 형식으로 나의 CD를 전시했는데 한 장도 남김없이 사람들이 다 가져갔다. 나중에 알고 보니 CD 가격보다 더 많이 헌금이 된 것이었다. 아낌없이 주었을 때 하나님은 우리 기대를 넘어 일하신다. 우리 부부는 전액을 감사헌금으로 드렸다. 모든 일들이 다 감격이었다. 그곳에서 내내 하나님과 사람들로부터 정말로 많은 호의를 받았고 드린 것보다 넘치도록 많은 것을 받았다.

나를 초청하신 선교사님의 말을 들으니 애초에 영국으로부터 김애자를 초청한다는 의견에 대해 항공료를 포함하여 비용이 많이 든다는 이유로 반대가 있었다고 한다. 그러나 1993년 러시아 페스티벌에서 연주했을 때의 감격을 잊지 못하고 나를 초청하게 된 것이다.

사실 나도 그 당시 힘든 과정의 약 복용이 끝나자마자 여행을 떠나는 것이라서 가장 더운 여름에 무더운 나라로 간다는 사실로 인해 많이 망설였다. 그러나 주님은 늘 그러하시듯이 순종하여 발걸음을 내딛었을 때 복된 길을 열어주신다는 것을 또 한번 경험하게 하셨다. 물이 넘치는 요단 강을 갈라서 이스라엘 백성들로 하여금 건너가게 하는 구절이 생각났다(여호수아 3, 4장). 주님은 내가 기대한 것보다 더욱 크게 기뻐하시고 복을 주셨다.

페스티벌이 끝나고 주일 아침에 아직 자고 있는데 일찍이 우리 방을 두드리는 소리에 일어났다. 방문을 열고 보니 기룡이라는 도시에 있는 교회 아침 예배 1, 2부에서 연주와 간증을 하기로 되었다는 것이다. 담임목사님이 직접 나를 데리러 와 기다리고 계셨다.

나는 놀라서 부랴부랴 준비하여 주 목사님이라는 분의 차를 타고 기룡교회로 갔다. 알고 보니 그분이 바로 페스티벌 동안 계속 사회를 맡으셨던 대만 목사님이셨다. 사회와 진행을 뛰어난 솜씨로 담당한 젊은 목사님이셨기에 인상 깊게 기억하고 있었다.

2부 예배에는 300여 명이 모인 꽤 규모가 있는 교회였다. 피아노는 없었지만 키보드로 연주했다. 내 순서가 끝나고 예배 도중에 나를 다른 숙소로 데려다주어야 한다고 하면서 1시간을 달려 새로운 숙소로 가게 되었다.

이제 모든 일정이 끝나고 몇 명이 모여 서로 교제하며 멋진 대만 음식을 즐겼다. 열대과일들, 패션후르츠, 구아바, 망고 그리고 냄새가 고약한 두리안도 풍성하게 많이 먹었다.

54.
카자흐스탄

러시아어와 영어에 능통한 김삼성 선교사님의 딸 지애와 아들 데이비드의 통역이 아주 훌륭했다. 부모의 비전을 이어받아 생활로 선교에 동참한 2세들의 모습이 자랑스럽고, 이상적인 선교 사역의 모델로 보인다.

2010년 9월 마두원의 찬송 편곡 레코딩을 마치고 다음 날 김삼성, 에스더 선교사 부부가 개척하여 시작된 카자흐스탄 그레이스처치(Grace Church) 창립 20주년 축하 예배에 참석하기 위해 인천공항을 떠났다.

김삼성 선교사는 독일 유학생으로 신학을 공부하던 중 1990년 소련 공산체제가 무너지기 직전에 하나님의 부르심에 순종해 온 가족이 카자흐스탄 선교사로 가게 되었다. 아무도 없던 불모지에서 시작된 작은 모임이 20년이 지나면서 수많은 성도가 생기고 6,000명 이상을 수용할 수 있는 커다란 예배당이 수년에 걸쳐 우여곡절 끝에 드디어 완공되었다.

나는 1998년 알마티에서 CD 2집을 녹음한 후 12년 만에 다시 그 땅을 밟았다. "내 영혼 평안해"와 "내 주는 강한 성이요" 피아노 협주곡 두 곡을 카자흐스탄 국립오케스트라와 협연하여 녹음할 때 겪은 어려움들이 새삼스럽게 기억났다.

공항에 도착하니 12년 전에 비해 별로 변한 것이 없었다. 날씨가 무척 추웠다. 공항에서 비자를 받아야 해서 추운데 5-6시간을 떨며 기다렸다. 새벽이 되어서야 숙소로 올 수 있었다. 몇 시간 동안 잠깐 눈을 붙이고 아침 예배에 참석했다. 1998년에는 건축되고 있던 성전이 이제 완공된 모습으로 우리를 맞이하고 있었다.

미국에서 오신 테리 스탁스틸(Larry Stockstill) 목사님과 필리핀에서 오신 김종필 목사님을 주강사로 하여 앞으로 5일간 집회가 시작된다. 러시아어와 영어에 능통한 김삼성 선교사님의 딸 지애와 아들 데이비드(David)의 통역이 아주 훌륭했다. 부모의 비전을 이어받아 생활로 선교에 동참한 2세들의 모습이 자랑스럽고, 이상적인 선교사역의 모델로 보인다.

나의 CD 5집 "Abide with Me"는 수천 장이 준비되어 성도들에게 창립기념 선물로 증정하였다. 첫날 연회(banquet)부터 나는 세 번을 연주했다. 피아노가 없어서 20년 된 디지털 피아노로 연주했는데 놀라운 감격이 있었다고들 했다. 선교지에서 일어나는 기적이었다.

알마티의 가을은 매우 건조하였다. 그래서 그런지 알레르기로 기침이 심했다. 한국에 돌아가면 낫겠지….

Aija's Journey

55.
북한을 사랑하는 사람들

> 지난 10여 년 동안 여기저기 다니면서 한곳을 떠날 때면 모든 것을 정리하고 새로운 곳에서 간편하게 다시 시작하는 데 어느 정도 익숙해졌다. 우리가 살아가는 데는 많은 것이 필요하지 않은 것 같다. 간단할수록 좋다.

2019년 가을 웨일스의 생활을 접고 가족이 있는 버지니아로 옮긴 바로 직후, 짐을 대강 정리하고는 곧 스웨덴으로 여행을 떠났다. 사실 이삿짐이라고는 옷과 책들 정도이다. 지난 10여 년 동안 여기저기 다니면서 한곳을 떠날 때면 모든 것을 정리하고 새로운 곳에서 간편하게 다시 시작하는 데 어느 정도 익숙해졌다. 우리가 살아가는 데는 많은 것이 필요하지 않은 것 같다. 간단할수록 좋다. 그래도 살다 보면 물건은 또 늘어난다.

워싱턴(Washington D.C.)에서 앰트랙(Amtrak) 기차로 뉴왁(Newark) 공항에 가서 런던을 거쳐 스톡홀름(Stockholm)에 도착했는데 24시간 넘게 걸리는 긴 여행길이었다. 북한 미션 콘퍼런스에 참석하기 위한 여정이었다.

3년 전 처음으로 북한 미션 콘퍼런스의 초청으로 참석하기 시작하여 매년 이맘 때마다 여러 나라에서 40-50명이 모였다. 참석자 중 한국인은 소수이고 거의가 북유럽인이었다. 동족인 우리가 북한을 생각하는 것보다 유럽인들이 실질적으로 북한 사람들을 돕고 있다는 사실에 놀랐다.

우리가 처음 참석한 곳은 3년 전 베를린 외곽에 있는 조그만 독일 마을인 Zagelsdorf의 아담한 선교센터였다. 그해 호스트(host)를 맡은 독일인 부부의 이름이 19세기 작곡가 슈베르트와 같은 이름이라 잊을 수 없다. 이들 부부는 매년 황해도를 방문하여 고아원에서 어린이들을 가르치며 그리스도의 사랑을 몸소 실천하는 사역을 꾸준히 하고 있었다.

매년 모임에서 낯익은 사람들을 다시 만났다. 그다음 해는 헝가리 부다페스트에서, 그리고 2019년에는 스톡홀름(Stockholm)에서 모임이 있었다. 그해 40명을 예상했는데 70명이 오는 바람에 주최 측에서 숙소 배정이 힘들었던 것 같다.

우리 부부가 배정된 곳은 그해 콘퍼런스를 주최한 교회의 담임목사 미카(Mika)의 집이었다. 그 집에 세 가족이나 묵게 되었다. 우리는 별채에 있는 사우나 방에서 며칠을 지냈는데 여름이라 사우나는 작동되지 않고 있었다. 모두가 약간의 불편은 감수해야 했지만 미카(Mika) 목사님 가족이 사랑으로 섬겨주셨다.

콘퍼런스 마지막 날 주일 예배에서 연주하게 되었는데 가기 전에 준비한 곡이 "Be Still with my soul"이었다. 스웨덴이 핀란드와 지리적으로 가깝다는 이유로 시벨리우스(Jean Sibelius)의 'Finlandia'에 나오는 곡을 택한 것이었다.

우리가 간 곳은 스톡홀름 외곽에 위치한 Sodertalye라는 작은 도시인데 알고 보니 바로 이곳은 수많은 핀란드 이민자들이 정착한 곳이었다. 주일 예배에는 낯선 핀란드 민속 옷을 입고 온 사람들이 눈에 많이 띄었다. 전통 옷을 입고 온 체격이 큰 여자들은 거인같이 보였다. 정말로 다른 나라에 와 있다는 게 실감났다.

교회도 핀란드인 교회라고 한다. 그곳에서 핀란드 작곡가의 곡을 연주하게 된 것도 하나님의 섭리인 것 같다. 우리나라가 일본 압제를 당한 것같이 핀란드도 1809년부터 1917년까지 100여 년이 넘게 러시아 제국의 압제 밑에 있었다. 언론의 자유를 박탈당하며 검열이 심해지자 그 압제에 저항하면서 1899년 만들어진 곡이 시벨리우스의 교향시 "핀란디아"(Finlandia)이다. 소용돌이치는 듯 독립을 갈급해하는 핀란드인의 민족적인 투쟁을 그려낸 이 대작품은 끝부분에 들어가면서 찬송가 같은 고요하고 아름다운 멜로디의

"Finlandia Hymn"이 나온다. 이는 소망과 회복을 상징한다.

작곡가 시벨리우스는 후에 "Finlandia Hymn"을 단독 곡으로 다시 썼는데 가장 애창되는 핀란드 노래가 되었다. 참고로 "Be still my soul"은 기독교의 찬송곡으로 교회에 많이 알려졌는데 이 찬송은 "Finlandia hymn" 멜로디에 Katharine von Schlegel이 쓴 시를 붙인 것이다.

2020년 코로나는 우리의 삶을 강타하며 다시는 이전으로 돌아갈 수 없는 미지의 삶이 시작되었다. 그리고 우리는 북한 콘퍼런스를 다시 참석하지 못하고 있다. 여행가방을 풀기가 바쁘게 여행했던 그 예전의 삶과는 너무나 다르다. 완전한 "Be still"의 새로운 삶으로 인도받는다.

에필로그

주여!
나를 doormat로 써주소서!
문들아, 머리를 들어라!
열릴지어다! 영원한 문들아,
영광의 왕 들어가시도록
영광의 왕 들어가신다!

왕께 만세!
왕께 만세!

나는 예수께서 사람들의 마음 문 밖에 서서 노크하실 때어
그 발 아래 놓인 향유를 머금은 doormat이고 싶습니다.
다음 세대 음악 선교사들이

영적 전쟁의 최전선으로 출전할 때
힘차게 딛고 나갈 돋음(doormat)이고 싶습니다.

5년 만에 웨일스를 다시 찾아왔다. 내가 늘 그리던 '꿈의 고향'이었다. 왜 나는 이 적막한 시골을 마음의 고향이라고 할까? 나도 모르게 나를 끌어당기는 영적인 자석이 있는 것 같다. 오랜만이지만 늘 이곳에 있었던 것 같다. 고향에 돌아온 포근한 느낌이 든다.

'이보다 더 좋을 수 있을까?'
오랜만에 일찍 잠자리에 누워서 생각할 때, 지난 9일간의 찬양 대행진은 꿈과 같은 시간이었다. 팬데믹으로 멈추었던 The Music Messengers(TMM)가 2024년 찬송과 간증으로 웨일스 땅을 두루 다녔다. 마치 모압과 암몬 군이 유다를 침공했을 때 여호사밧 왕이 백성에게 금식을 선포하고 찬양대를 앞세워 군대가 행진하는 성경구절을 연상케 했다(대하 20:14-23).

우리는 찬송이라는 무기를 가지고 전쟁터에 나가는 군인과 같다. 찬송할 때 하나님이 싸워주신다. 이번에도 역시 준비 과정에서 방해하는 세력은 맹렬했지만 그럴 때마다 하나님이 대장 되셔서 이끌어가시는 기적을 보여주셨다. 벼랑 끝에 서서 오도가도 못하는 절박한 때에 예기치 못한 도움의 손길들이 있었다.

방문한 모든 곳들은 내가 웨일스에 살면서 여러 번 갔던 곳이었지만 다시 간 그곳이 새롭게 느껴졌고 새 노래로 하늘문을 여는 것 같았다. 다음 세대 음악인들의 탁월한 연주에 하나님을 향한 믿음과 사랑이 묻어 나오기에 큰 은혜와 감동이 있었다.

특히 이번 해 TMM에는 내가 예전에 가르쳤던 제자 두 명이 같이 했다.

소명은 Peabody 음대 출신으로 지난 10년간 일본에서 남편 목사님과 함께 선교사로 섬기고 있으면서 매년 TMM 웨일스에 와서 섬긴 훌륭한 피아니스트이다.

유진은 시각장애인으로 New England Conservatory를 졸업하고 Michigan State University에서 음악 박사학위를 받은 인재이다. 유진은 13세에 나에게 피아노를 배우러 찾아왔다. 시각 장애인을 가르친다는 건 엄청난 부담이었다. 그러나 신체의 한 부분에 장애가 있으면 다른 부분은 훨씬 더 예민한 것을 발견했다. 유진은 듣는 귀가 탁월했다.

악보를 볼 수 없으니 악보에 적힌 수많은 음들을 오른손과 왼손을 따로 운지법(Fingering)과 함께 레슨 때마다 녹음을 허주었다. 그렇게 수년을 훈련하며 높은 수준의 연주곡들을 배우면서 명문 음대에 들어가고 박사학위도 받았다. 그런 유진의 삶에 한 몫을 한 나는 선생으로서 큰 보람을 느낀다.

유진은 2024년 처음으로 TMM의 일원이 되어 웨일스를 투어하였고, 그의 연주와 간증은 가는 곳마다 감동과 눈물을 자아냈다.

독일에서 활약하는 바이올린 주자 성금 자매와 베를린 음대 출신 자현 자매가 일상에서 쌓인 기도로 연주하는 찬송은 큰 감동을 주었다.

2024년 웨일스에서 모두를 감동시킨 TMM 사역의 특별한 성공의 원천은 성령이 주신 연합에 있었다. 12명의 기도 용사이자 재정 후원자를 멤버로 세워주셨다. 또한 웨일스에서 우리와 7년간 동역했던 현지 선교사들의 헌신적인 섬김으로 모두 큰 감동을 받았다.

지난 수십년 동안 솔로 피아니스트의 길을 걸어온 나에게 2024년 웨일스 TMM은 엄청난 변화의 돌파구를 가져왔다. TMM을 총괄하는 디렉터로 집중하다 보니 자연스럽게 청중 앞에서 연주하는 자리에서 무대 뒤로 물러서는 시간이 된 것이다. TMM의 원래 목적인 다음 세대를 일으키는 비전이 실현되어 가는 것에 보람을 느꼈다. 나이가 들어가며 은퇴를 생각하지 않을 수 없었다. 갈림길에서 은퇴가 아닌 TMM이라는 도전을 선택했기에 생긴 보람이다.

음악 연주자는 자신이 연주하면서 소리를 만들어갈 때 희열을 느낀다. 찬송을 할 때 말로 다 표현할 수 없는 내면 깊숙한 곳에서 기도가 흘러나온다. 나는 기꺼이 다음 세대를 위한 doormat가 되기를 원한다. 그리고 나의 찬송도 끊이지 않고 이 세상 떠날 때까지 계속되기를 소망한다.

"네 장막터를 넓히라"(사 54:2).

2024년 10월, TMM은 그동안 가슴에 품어왔던 일본 선교에 첫발을 내딛게 된다. 새로운 문을 열고 계신 하나님의 인도를 받아 일본 땅에서 찬양할 때 우리에게 맡겨주신 영혼들을 추수하는 계절이 오리라 믿는다.

이 저널이 쓰이기까지 수십 년 동반자이며 사진으로 기록을 남겨 준 남편 조성문 선교사에게, 사랑하는 두 딸 진희와 단희에게, 밤을 새워가며 원고를 정리해 준 작가 홍아리엘에게 그리고 쿰란 출판사 대표 이형규 장로님, 편집부 오완 부장에게 깊은 감사를 드린다.

피아니스트 김애자 프로필

　서울에서 태어나 동경 우에노예술대학 수학, 비엔나 국립음대 졸업, 뉴욕주립대학 석사, 텍사스대학 음악박사를 받았고, 1993년 러시아 선교대회에서 하나님의 임재를 체험한 후 세계 순회 연주 활동을 하고 있다.

　서울시립교향악단, 러시아 상트페테르부르크 챔버 오케스트라, 카자흐스탄 국립오케스트라, 캘리포니아 수정교회 오케스트라와 협연했고 뉴욕 카네기홀과 로스앤젤레스 디즈니홀 초청 연주를 했다.

　2013년 후쿠시마 쓰나미 희생자 가족 위로 콘서트, 2014년 폴란드 유대인 수용소였던 아우슈비츠 콘서트, 폴란드 크라코브, 카토비체 전도대회 연주, 파리 마들렌느 성당 연주회, 2015년, 2016년 여름에 런던 전도 프로그램 "Arise"와 동역으로 현지 교회 순회 콘서트를 가졌다.

　2017년 2월 KOSTE(한국 유럽유학생 선교대회)에서 "유럽을 깨우는 음악 사역자들"에 대해 강의하였으며, 2018년 8월 이스라엘 국가탄생 70주년 기념행사로 폴란드 아우슈비츠에서 연주회를 가졌다.

　2017년 이후 GBS(글로벌 복음방송) 홍보대사로서 하와이, 극동 러시아, 밴쿠버, 시애틀, 서울, 일본 나고야에서 순회연주를 하였다.

2013년 이후 음악 선교사로 영국 웨일스에 거주하면서 2018년 전문 음악인 선교훈련을 위한 'The Music Messengers'가 2018년 설립되었고, 차세대와 함께 선교 콘서트 투어로 웨일스와 일본의 현지교회들을 섬기고 있다.

음반 CD 1집 ~ 6집 & DVD 출시
aijakim@gmail.com ㅣ +1-571-403-4253(usa) ㅣ
www.youtube.com/aijakim

"김애자 씨는 복음찬송 연주를 위해 태어난 사람이다. 그는 음악적인 탁월성과 영적인 탁월성을 겸비한 열정의 사역자이다. 그의 연주는 듣는 자에게 평안과 기쁨을 주고, 그의 헌신은 청중에게 감동과 은혜를 준다."(고 하용조 목사, 전 온누리교회 담임목사)

AIJA KIM, Pianist

A native of Korea, since responding to God's calling at the Mission Conference in Russia in 1993, Aija Kim has performed extensively around the world and has inspired people to experience the presence of God through her piano music.

As soloist, she has performed with the Seoul Symphony Orchestra, the St. Petersburg Chamber Orchestra, the Kazakhstan National Orchestra and the Crystal Cathedral Orchestra. She has also appeared at Carnegie Hall, Walt Disney Concert Hall, Philharmonia Hall in St. Petersburg, Russia and at Calvary Chapel's "Easter in the Meadows" celebration in California.

Her performances include the concert in Fukushima for Tsunami victims in 2013, the concert in Auschwitz, Krakow, Katowice in Poland, and the concert at The Madeleine Church in Paris, 2014.

She has partnered with "Arise" in practical evangelism training and outreach program serving local churches in London area in summer, 2015 and 2016. She was a guest performer for the anniversary for the founding of the GBC in Hawaii in 2017.

She performed at the "From Holocaust to living Hope" conference in Auschwitz, Poland in August, 2018.

As the founder of "The Music Messengers"(a discipleship program for musicians to enable to find calling to use their talents to proclaim the Gospel with music), she organized the TMM conference in May 2018 and 2019 in Wales.

Aija is a graduate of the Wien Musikhochschule in Austria and the State University of New York and holds a Doctor of Musical Arts degree from the University of Texas at Austin.

Currently she serves as a music missionary in Wales U.K. She has released six CD's and DVD for Piano worship album.

Contact: aijakim@gmail.com | +1-571-403-4253 | www.youtube.com/aijakim

후원 동역

MissionFund: http://go.missionfund.org/tmm4us
PayPal: aijakim@gmail.com
KEB하나은행 272-910081-29407(조성문)
Youtube.com/AIJAKIM
(571) 403-4253

빨간 피아노

1판 1쇄 인쇄 _ 2024년 12월 20일
1판 1쇄 발행 _ 2024년 12월 24일

지은이 _ 김애자
펴낸이 _ 이형규
펴낸곳 _ 쿰란출판사

주소 _ 서울특별시 종로구 이화장길 6
편집부 _ 745-1007, 745-1301~2, 743-1300
영업부 _ 747-1004, FAX 745-8490
본사평생전화번호 _ 0502-756-1004
홈페이지 _ http://www.qumran.co.kr
E-mail _ qrbooks@daum.net / qrbooks@gmail.com
한글인터넷주소 _ 쿰란, 쿰란출판사
페이스북 _ www.facebook.com/qumranpeople
인스타그램 _ www.instagram.com/qrbooks
등록 _ 제1-670호(1988.2.27)
책임교열 _ 이화정·오완

ⓒ 김애자 2024 ISBN 979-11-94464-10-5   03230

책값은 뒤표지에 있습니다.
이 출판물은 저작권법에 의해 보호를 받는 저작물이므로 무단 복제할 수 없습니다.
파본(破本)은 구입처에서 교환해 드립니다.